SCORPIO

DER KLEINE SELBSTCOACH

ANNE VAN STAPPEN

SEI GUT
ZU DIR SELBST

Aus dem Französischen
von Claudia Seele-Nyima

SCORPIO

Der kleine Selbstcoach

In unserer modernen Welt verändern sich die Lebensbedingungen immer rascher und wir geraten häufig in Situationen, in denen wir die Weichen neu stellen müssen. Hierbei ist »Der kleine Selbstcoach« ein wichtiger Begleiter.

Das eigene Wohlbefinden allem voranzustellen ist keineswegs egoistisch. Denn wer immer nur an andere denkt, brennt irgendwann aus – seelisch und körperlich. Daher ist es Zeit, Freundschaft zu schließen mit dem wichtigsten Menschen in unserem Leben: uns selbst. Liebevolle Selbstakzeptanz verleiht uns innere Stabilität und die Fähigkeit, ein glückliches und erfülltes Leben zu führen.

Anne van Stappen

TEIL 1

SEI GUT ZU DIR SELBST

Es ist Zeit, dass wir Freundschlaft schließen mit dem wichtigsten Menschen in unserem Leben: uns selbst. Dieser Selbstcoach zeigt Ihnen, wie es mithilfe der Gewaltfreien Kommunikation gelingt, mehr auf Ihre innere Stimme zu hören und freundlicher mit sich selbst umzugehen. Denn Selbsteinfühlung und Selbstliebe bringen mehr Klarheit, Kraft, Kreativität und Freude in Ihr Leben.

In der Tat habe ich heute viel zu tun,
darum muss ich viel beten.

Wir alle wissen, wie wichtig es ist, in schwierigen Situationen oder auch bei besonders freudigen Ereignissen jemanden zu haben, der ein offenes Ohr für uns hat und uns aufmerksam und freundlich zuhört. Trotzdem kommt es immer wieder mal vor, dass wir nirgendwo Gehör finden, obwohl wir uns so sehr danach sehnen!

Warum dann nicht einfach selbst dieser aufmerksame Zuhörer werden, dieser hilfsbereite Freund, der stets für uns da ist?

DIE KUNST, SICH SELBST GEHÖR ZU SCHENKEN, IST DAS THEMA IN DIESEM KLEINEN SELBSTCOACH.

Tief in uns hineinhorchen ist eine einzigartige, unersetzliche Methode, Ordnung in unser Leben zu bringen, Prioritäten zu setzen, zu Klarheit, Bewusstheit und einem behutsamen Umgang mit uns selbst zu finden – kurz: gut zu uns selbst zu sein. Daraus ergeben sich zwangsläufig eine innere Zentrierung, angemessenes Handeln und eine freundliche Zugewandtheit gegenüber allen Menschen.

Allerdings ist es gar nicht so einfach, Momente der Begegnung mit sich selbst zu kreieren, wenn man eine Familie, einen

Beruf, Verantwortung hat. Und meistens haben wir als Kind weder in der Schule noch zu Hause eine Anleitung erhalten, wie man Zugang zu sich selbst findet. Wir haben eher gelernt, stets an die Menschen in unserer Umgebung zu denken. Außerdem haben wir vielleicht zunächst Vorbehalte, in uns hineinzuhorchen, aus Angst, in der Komplexität und/oder immensen Weite unseres Innenlebens den Boden unter den Füßen zu verlieren. Darum drücken wir uns oft davor, Aspekte unseres Lebens zu erforschen, die aus dem Lot geraten oder leidvoll sind, in der Hoffnung, dass sie sich auf wundersame Weise von selbst auflösen.

Es ist erwiesen, dass mangelnde Selbstfürsorge vielfältige Konsequenzen haben kann: Burn-out, Alkohol- und/oder Drogenmissbrauch, Depressionen, Lebensüberdruss, selbstschädigendes Verhalten, um nur einige zu nennen ... Und dennoch meinen wir oftmals, wenn wir innehalten und wahrnehmen, was in uns vorgeht, sei das Zeitverschwendung; oder wir fürchten, all das »Schlechte«, das unserer Ansicht nach in uns ist, könnte uns dann übermannen.

> Eine Kollegin musste sich wegen Rückenproblemen krankschreiben lassen, nur um am Ende zu erkennen, dass sie eigentlich einen Burn-out hatte.
> Ein Familienvater, der seine Frau abgöttisch liebte, bemühte sich so maßlos, ihr alles recht zu machen, dass der massive Druck, unter dem er dadurch stand, ihn schließlich in eine Depression trieb.
> Ein Freund gestand mir, dass ihm seine Arbeit keinen Spaß mehr machte, er aber nicht die Zeit fand, einmal in Ruhe darüber nachzudenken, woran es lag und was er tun könnte.

Lea

Die Geschichte von der achtjährigen Lea zeugt von mehr
Klugheit, als viele Erwachsene gemeinhin an den Tag legen:
Als sie neben ihrem Vater die Straße entlanggeht, stößt sie
plötzlich gegen eine Laterne. Gereizt ermahnt der Vater sie:
»Lea, wo hast du nur deinen Kopf?«
Und Lea antwortet, als sei das ganz selbstverständlich:
»Also wirklich, Papa, die konnte ich nicht sehen, ich gucke
doch gerade in mich!

In der heutigen Welt, in der alles immer schneller, komplexer
und unvorhersehbarer wird, brauchen wir mehr denn je Mittel,
die uns helfen, zentriert, klar und gefestigt zu sein. Wenn wir uns
selbst respektieren, geht es uns besser, und das beeinflusst wiederum alle Aspekte unseres Lebens. Sehr viel gewinnen wir auch
dadurch, dass wir lernen, dankbar für die Geschenke des Lebens
zu sein. Allerdings wollen wir oft so produktiv und effizient sein,
dass wir es nicht schaffen, innezuhalten und das, was gut läuft,
voll auszukosten.

DIESER KLEINE SELBSTCOACH MÖCHTE IHNEN WEGE ZEIGEN, MIT SICH SELBST IN VERBINDUNG ZU TRETEN, DAMIT SIE SICH WOHL IN IHRER HAUT FÜHLEN.

Bevor wir die Selbstempathie (man kann auch Selbstmitgefühl oder »sanfte, wohlwollende Selbsteinfühlung« sagen) erkunden, die in weiten Teilen aus der **Gewaltfreien Kommunikation®** (GFK®) hervorgegangen ist und von Marshall Rosenberg begründet wurde, möchte ich kurz erklären, wie ich die GFK® verstehe: als eine humanistische Sichtweise der Welt, die uns eine Denk- und Ausdrucksweise nahelegt, die Güte, Klarheit, Kraft, Kreativität und Freude in unser Dasein bringt.

DIESE DENKWEISE ZEICHNET SICH IM WESENTLICHEN DURCH FOLGENDE MERKMALE AUS:

> › **Wir betrachten jeden Menschen, unabhängig von seinen Taten und Konditionierungen, als ein Wesen mit Gefühlen und »Bedürfnissen« (gleichbedeutend mit: Bestrebungen, Werten, Wünschen, Träumen).**
> › **Wir sehen unsere eigenen Wünsche und die der anderen als gleichwertig an.**
> › **Wir sind uns stets bewusst, dass wir glücklicher sind und unser Bestes tun, wenn unsere Bedürfnisse anerkannt und berücksichtigt werden.**
> › **Wir ziehen die Macht mit anderen der Macht über andere vor.**
> › **Wir sehen Gewalt als tragischen Ausdruck unerfüllter Bedürfnisse an.**

Die Gewaltfreie Kommunikation lehrt uns, unsere tiefen Gefühle zu erkennen, zu spüren und sie als Ausgangspunkt zu nehmen, um herauszufinden, welche Wünsche wir haben, was wir wirklich wollen. Die GFK stellt nämlich eine direkte Verbindung zwischen unserem Erleben und unseren Bedürfnissen her: Gefühle und Empfindungen sind nicht zufällig. Ihr Ursprung liegt in unseren Bedürfnissen. Darunter fallen **physiologische** (Essen, Trinken, Schlafen, Atmen, Ausscheiden), **emotionale** (Liebe, Miteinander, Zärtlichkeit, Freude, Sicherheit usw.) ebenso wie **unsere höchsten, erhabensten Bedürfnisse** (Schönheit, Weiterentwicklung, Sinnhaftigkeit, Gemeinschaft, Authentizität, Gerechtigkeit, Altruismus ...). Und ob es uns bewusst ist oder nicht: Wir stehen jeden Morgen deswegen auf, weil wir hoffen, unsere Wünsche und/oder Träume zu erfüllen und uns den Werten anzunähern, die uns am wichtigsten sind.

Um also ein sinn- und gehaltvolles Leben führen zu können, müssen wir unsere tiefsten Wünsche kennen und dazu gehört, dass wir herausfinden, wie wir an sie herankommen können. Die GFK hilft uns dabei: Sie weist uns einen Weg des Bewusstseins, um menschlich zu wachsen, und eine Form des Gesprächs, die diesem Bewusstsein dienlich ist. Mit ihren Methoden und Kernprinzipien des zwischenmenschlichen Umgangs und mit ihrer Philosophie unterstützt sie uns darin, unsere emotionale Intelligenz zu entwickeln – ein hervorragendes Mittel zur Verbesserung unserer Beziehungen.

Die Gewaltfreie Kommunikation habe ich in »Gewaltfrei Kommunizieren« ausführlich vorgestellt, daher beschreibe ich hier nur die Modalitäten und einzelnen Schritte des tiefen In-sich-hinein-Horchens (auch Selbsteinfühlung oder Selbstempathie genannt) und des Selbstmitgefühls, zwei wirksame Methoden, um zur Ruhe zu kommen und Zugang zur uns innewohnenden Weisheit zu finden.

In der **Selbstempathie** nehmen wir die Botschaften des Körpers und des Herzens auf. Dann finden wir heraus, was sie uns über uns selbst sagen wollen: über unsere Bedürfnisse, Werte oder tiefsten Wünsche. Anschließend können wir basierend auf diesen Wünschen und Bestrebungen Bitten äußern, damit sie erfüllt werden.

Zum Beispiel: Sie sind mit einem Freund verabredet, der ein bisschen unzuverlässig ist, und er versetzt Sie ohne Begründung. Statt das einfach hinzunehmen oder auf ihn zu schimpfen, können Sie Ihren Gefühlen nachgehen und in sich hineinhorchen, was sie Ihnen sagen möchten; dann können Sie versuchen, daraus Ihre Bedürfnisse[1] zu erkennen. Das könnte in etwa so aussehen:

1. **Bin ich besorgt, weil ich gerne Gewissheit hätte, dass ihm nichts Schlimmes zugestoßen ist?**
2. **Bin ich enttäuscht, weil ich mich auf das Wiedersehen gefreut hatte, darauf, wieder in Kontakt zu sein und mich mit ihm unter vier Augen zu unterhalten?**
3. **Bin ich verärgert, weil ich das Gefühl haben möchte, dass ich ihm wichtig bin, und gerne rechtzeitig über diese Programmänderung informiert worden wäre?**

Sich mit den eigenen Gefühlen zu verbinden ist ein wertvolles Instrument, denn wenn ein Gefühl unangenehm ist, signalisiert uns das, dass unbefriedigte Bedürfnisse vorhanden sind. Und nur wenn wir diese Bedürfnisse kennen, können wir etwas tun, um sie zu erfüllen. In unserem Beispiel der versäumten Verabredung wird Ihre Reaktion oder die Bitte, die Sie äußern, ganz unterschiedlich ausfallen, je nachdem, welches Bedürfnis (1., 2. oder 3.) Sie bei sich wahrgenommen haben:

> **Sie bitten um genauere Informationen, warum Ihr Freund, ohne Bescheid zu sagen, nicht zu der Verabredung erschienen ist.**
> **Sie vereinbaren ein weiteres Treffen und machen klar, dass es für Sie wichtig ist.**
> **Sie äußern den Wunsch, die Situation zu klären, und weisen darauf hin, dass Sie im Falle einer erneuten Programmänderung gerne mindestens drei Stunden vorher informiert werden möchten.**

Hier die Indikatoren, die uns anzeigen, dass unsere Selbstempathie ihre Magie voll entfaltet hat: Unangenehme Gefühlszustände – Spannung, Stress, Entmutigung, Zorn, Bitterkeit, Angst … – verschwinden und werden nach und nach durch angenehme Zustände ersetzt: Lebendigkeit, Elan, Erleichterung, Einsatzbereitschaft, Verständnis, Nachsichtigkeit etc.

BEI EINEM ANGENEHMEN ERLEBNIS ERHÖHT ES UNSERE LEBENSFREUDE, WENN WIR ES VOLL UND GANZ SPÜREN.

Die vier Schritte zur Selbstempathie (Selbsteinfühlung)

1. Ziehen Sie so neutral und sachlich wie möglich über die Situation Bilanz.
2. Machen Sie sich bewusst, was körperlich und emotional in Ihnen vorgeht, und nehmen Sie es geduldig und beharrlich wahr und an. Wenn wir uns zudem selbst als Ganzes wohlwollend annehmen, spricht man eher von Selbstmitgefühl als von Selbstempathie.

Es kann schwierig sein, immer alle Gemütszustände zu spüren und anzunehmen, denn manchmal sind uns Empfindungen gar nicht bewusst, oder wir sprechen uns selbst das Recht auf bestimmte »schwierige« Gefühle wie Zorn oder Deprimiertsein ab.

3. Erkennen Sie alle Bedürfnisse in der gegebenen Situation – von der oberflächlichsten bis zur tiefsten Bedürfnisschicht – und nehmen Sie sie an. Das kann eine Weile dauern. Lassen Sie sich Zeit dafür.
4. Finden Sie heraus, durch welche Bitten oder Handlungen das eine oder andere dieser Bedürfnisse erfüllt werden könnte.

5. Nachdem Sie die vier Schritte gegangen sind, überprüfen Sie, wie Sie sich nun fühlen.

WENN DU EINFACHHEIT PRAKTIZIERST, WIRD DEIN LEBEN EINFACH!

Hier die aus meiner Erfahrung hilfreichsten Fragen, die Sie sich stellen können:

1. Wie fühle ich mich gerade? Was spüre ich körperlich und emotional?
2. Was will ich in dieser Situation, wonach strebe ich?
3. Worum kann ich mich (oder jemand anderen) bitten, um mich meinen Hauptwünschen anzunähern?
4. Wie fühle ich mich jetzt, nachdem ich auf diese Weise in mich hineingehorcht habe?

. . . .

Gute Nachrichten!

> Es erfordert keine besonderen Fähigkeiten, auf diese Weise in sich hineinzuhorchen, weil schon allein die Tatsache, dass man es tut, nach und nach unser Bewusstsein entwickelt.
> Es ist faszinierend zu entdecken, wie das Empfinden unseres Körpers sich ändert, wenn wir uns selbst wie ein vertrauensvoller, neugieriger Forscher wahr- und annehmen, ohne uns unter Druck zu setzen.
> Erst wenn man zunehmend liebevolle Zuwendung für sich selbst entwickelt und freundliche Akzeptanz durch

sich selbst erfahren hat, kann man auch wirklich für andere da sein.

> Wenn uns düstere Gedanken oder Urteile über uns selbst und andere überkommen, können wir sie mithilfe der Selbsteinfühlung in Bedürfnisse umwandeln. Das besänftigt und stärkt uns und lässt uns unsere Handlungsenergie (wieder)finden.

Einen düsteren Gedanken in Handlungspotenzial umwandeln

Mein düsterer Gedanke:

_____

_____

_____

Meine physischen Empfindungen:

_____

_____

_____

Meine emotionalen Empfindungen:

_____

_____

_____

Meine unbefriedigten Bedürfnisse, die von dem finsteren
Gedanken verdeckt werden:

_____

_____

_____

MÖGLICHES HANDLUNGSFELD:

ein Schritt zur Erfüllung eines meiner Bedürfnisse

_____

_____

_____

Meine neue, offenere Betrachtungsweise der Situation:

_____

_____

_____

Wir sind uns bewusst, dass das, was wir tun,
nur ein Tropfen im Ozean ist. Aber gäbe es
diesen Tropfen nicht, würde er im Ozean fehlen.

MUTTER TERESA

. . . .

Beispiel
Düsterer Gedanke: Wenn wir weiterhin so viele Einwanderer
in unserem Land aufnehmen, gibt es bald nicht mehr genug
Arbeit für uns Einheimische; außerdem ist es ein Ding der
Unmöglichkeit, so viele Menschen mit so unterschiedlichem
kulturellen Hintergrund erfolgreich zu integrieren ...
Physische und emotionale Empfindungen: Angst im Bauch;
Anspannung im Körper; Ungewissheit in Bezug auf die
Zukunft; Frustration; Hilflosigkeit ...
Bedürfnisse: Stabilität; Verständnis; Arbeitsplatzsicherheit;
logischer Zusammenhang zwischen der Realität im Alltag und
den politischen Entscheidungen, die getroffen werden; gesunder
Menschenverstand; Erfolg ...

. . . .

Dadurch, dass uns unsere Bedürfnisse nun bewusst sind, eröff-
net sich uns auch ein Handlungsfeld; zum Beispiel ...

› **für das Bedürfnis nach Verständnis: sich in sozialen
Netzwerken klar äußern, Gruppen zum gegenseitigen
Austausch kreieren;**

> › für das Bedürfnis der Arbeitsplatzsicherheit: den Regierenden konkrete Forderungen stellen;
> › für das Bedürfnis nach Erfolg: einen Beitrag zur Integration von Einwanderern leisten.
> › Am Ende unserer Übung in Selbsteinfühlung gelangen wir zu einem besseren Verständnis sowohl der Grenzen unserer Fähigkeit zur Toleranz als auch der Situationen, die wir zunächst als nicht akzeptabel eingeschätzt haben. So könnte unsere neue Betrachtungsweise aussehen:

WENN ICH EIN IMMIGRANT WÄRE, WÜRDE ICH GERNE VON EINEM LAND AUFGENOMMEN WERDEN, IN DEM FRIEDEN HERRSCHT. UND ALS POLITIKER WÄRE DIESER ZUSTROM VON FREMDEN FÜR MICH EINE RICHTIG HARTE NUSS!

Wenn wir zulassen, dass sich unangenehme Gefühle in uns anstauen, ohne zu ergründen, woher sie wirklich kommen, und ohne nach Möglichkeiten zu suchen, sie zu transformieren, dann beeinflussen wir unsere Gesundheit und auch unsere Beziehungen negativ.

Der allgemein steigende Konsum von Antidepressiva, angstlösenden Medikamenten und Schlafmitteln zeigt, wie stark wir von **unangenehmen Gefühlen** (Angst, Hilflosigkeit, Frustration, Verzweiflung ...) heimgesucht werden, die wir auf künstlichem Wege zu dämpfen versuchen. Doch wenn wir unsere Empfindungen betäuben, bleiben unsere tiefsten Wünsche und Sehnsüchte (Lebensfreude, Vertrauen, Entspannung, Frieden ...) unerfüllt, denn wir lernen nicht, diese positiven Zustände auf eine Art und Weise herbeizuführen, die natürlich ist und uns guttut.

Übung: Urteile über uns oder andere in Gefühle und Bedürfnisse übersetzen

Denken Sie an eine (aktuelle oder vergangene) schwierige persönliche Situation:

_____

_____

_____

Formulieren Sie ein Urteil über jemanden:

_____

_____

_____

Sprechen Sie das Urteil innerlich aus und nehmen Sie sich selbst dabei achtsam wahr, scannen Sie alle Körperteile, spüren Sie Ihre Anspannungen, Schmerzen, Verkrampfungen, Beklemmungen usw. Machen Sie sich bewusst, was Sie fühlen, und notieren es:

Physische Empfindungen:

Ich fühle mich_____

_____

_____

Emotionale Empfindungen:

Ich fühle mich_____

_____

_____

Unerfüllte Bedürfnisse, die sich hinter dem Urteil verbergen:

... weil ich gerne hätte/mir wünsche, dass _____

_____

_____

Mögliches Handlungsfeld oder erster Schritt zur Erfüllung eines
Ihrer Bedürfnisse:

_____

_____

_____

Neues Verständnis der Situation:

_____

_____

_____

· ·

BEISPIEL MIT EINEM URTEIL ÜBER ANDERE

Urteil: Schon wieder kann ich mich nicht darauf verlassen, dass meine Kollegen Wort halten.

Empfindungen: Niedergeschlagenheit, Überdruss …

Unbefriedigte Bedürfnisse: Vertrauen haben, meine Aufgaben so gut wie möglich erledigen, Gewissheit haben, dass ein optimales Ergebnis dabei herauskommt …

Mögliches Handlungsfeld:

> mich daranmachen, herauszufinden, wer genau sein Wort hält und wer nicht;

> schriftlich festhalten, wer wann welche Aufgaben zu erledigen hat;

> überlegen, ob ich eine andere Arbeit finden/eine andere Dienstleistung anbieten kann;

> eine Haltung des Loslassens entwickeln, falls die Situation nicht zu ändern ist.

Neues Verständnis der Situation:

Die Betreffenden handeln möglicherweise in gutem Glauben, wenn sie die Verpflichtung übernehmen, sind aber vielleicht hinterher vom Umfang der Aufgabe überfordert und schaffen es nicht, ihre Versprechen einzuhalten.

....

Sobald man sich alle Bedürfnisse, die einem am wichtigsten sind, **wahr- und angenommen** hat, fühlt man sich erleichtert. Nun ist der Moment gekommen, herauszufinden, mit welcher Bitte oder Handlung man sie befriedigen könnte.

Beim Formulieren einer Bitte gibt es stets zwei Möglichkeiten: Entweder man richtet sie an sich selbst oder an jemand anderen. Je fortgeschrittener wir jedoch in der GFK sind, umso deutlicher erkennen wir, dass die erste Bitte, die sich herauskristallisiert, stets an uns selbst gerichtet ist: nämlich zu erkennen, welche Bitte mit der größten Wahrscheinlichkeit für andere annehmbar ist. Außerdem: Uns selbst um etwas zu bitten macht uns **freier, verleiht uns mehr Herrschaft über unser Leben** – selbst dann, wenn die Entscheidungen, die wir letztendlich treffen, mitunter nicht bequem sind (in unserem Beispiel könnte ein Arbeitsplatzwechsel riskant sein). Es liegt demnach bei uns, **aufmerksam auf alle Teile unserer selbst zu hören,** ebenso **auf all unsere Bedürfnisse.** Darum ist der Körper-Scan in Verbindung damit, dass man sich Zeit lässt, **DER Weg,** um zu einer feinen Wahrnehmung dessen zu gelangen, was uns am wichtigsten ist.

Ein Urteil, das wir über uns oder andere gefällt haben, in den darin enthaltenen Wunsch umzuwandeln **befreit uns** also aus unseren – manchmal automati-schen, unbewussten – **Teufelskreisen** der Frustration, des Misstrauens, der Entmutigung, Abkapselung, Verzweiflung …

Verschiedene Persönlichkeits-anteile anhören

Vielen philosophischen und spirituellen Traditionen zufolge kommen wir mit einem unveränderlichen Potenzial zur Welt, bezeichnet als unsere **wahre Natur, das Selbst** oder **die Quelle**. Dieses Selbst wird als ein Raum aufgefasst, als ein Ort gelassenen, wohlwollenden Bewusstseins, von dem aus wir die äußeren Ereignisse des Lebens ebenso beobachten können wie unser Inneres.

Leider kommt es im Lauf des Lebens mit seinen vielfältigen Prüfungen dazu, dass der Zugang zu unserem Selbst, zu unserer Quelle, schwieriger wird: durch unsere Konditionierungen, unsere Erziehung, Schutzmechanismen, falsche Überzeugungen etc. Um dieses Problem zu konkretisieren, haben etliche in der Erforschung der menschlichen Seele versierte Psychologen und Psychoanalytiker, darunter auch C. G. Jung, das Konzept von verschiedenen uns innewohnenden Persönlichkeiten – oder von Teilen, Aspekten, Teil- oder Unterpersönlichkeiten – entwickelt, die ihre jeweils eigenen Motivationen, Gedanken und Gefühle haben. Diese Persönlichkeiten können in unser Leben eingreifen und es verkomplizieren, vor allem dadurch, dass sie unser reines Bewusstsein, das Selbst, verdecken.

C. G. Jung zufolge besteht **»die größte Gefahr darin, sich mit diesen inneren Persönlichkeiten zu identifizieren«**. Marshall Rosenberg hat dazu – für didaktische Zwecke und auch, um Leichtigkeit in seine Lehren zu bringen – eine Metapher benutzt, die sich auf diese unveränderliche, allen Menschen innewohnende Quelle des Bewusstseins und des Mitgefühls bezieht: Er wählte die »Giraffe«, deren langer Hals die Fähigkeit veranschaulicht, einen distanzierten Blick, Abstand zur Situation – die Quelle von Frieden und Besonnenheit – einzunehmen. Außerdem symbolisiert das besonders große Herz der Giraffen Mitgefühl, ein Mitgefühl, das wir mithilfe der Gewaltfreien Kommunikation entwickeln können – für jeden Menschen, uns selbst eingeschlossen.[2]

Wir bestehen also aus einer Essenz (ein Wort, das als Synonym für Selbst, Quelle, wahre Natur, innere Giraffe, Self verwendet wird), die so rein ist wie ein Diamant, und aus Teilen oder Teilpersönlichkeiten. Und idealerweise sollte unsere Essenz, unsere »innere Giraffe« sich wie ein wohlwollender Dirigent verhalten, der all seine Musiker in Einklang bringt, damit jeder von ihnen seinen Teil zur einzigartigen Sinfonie unserer Person beitragen kann.

Hier die Merkmale/Eigenschaften unseres Selbst oder unserer »inneren Giraffe«:

RUHE, MITGEFÜHL, VERSTÄNDNIS, VERBUNDENHEIT, FÄHIGKEIT ZUR ZUSAMMENARBEIT, KLARHEIT, VERTRAUEN, ZENTRIERTHEIT, FLEXIBILITÄT, UNERSCHÜTTERLICHKEIT, NEUGIER, KREATIVITÄT, UMSICHT, UNVOREINGENOMMENHEIT

Apropos Unvoreingenommenheit: Wenn man fest im Raum der zuvor genannten Eigenschaften verankert ist, lebt man so achtsam gegenüber dem Augenblick und mit einem so großen Vertrauen, dass man keinerlei Erwartungen in Bezug auf ein bestimmtes Ergebnis hegt. Man weiß, dass diese Art zu sein maximale Flexibilität ermöglicht und bewirkt, dass man zur Ruhe kommt und die Dinge sich lösen, wenn nötig.

In diesem Bewusstsein ist die Quelle einfach da; sie fließt ohne bestimmtes Ziel, zu dem sie strebt. Das Hauptanliegen der Gewaltfreien Kommunikation ist, uns die Mittel an die Hand zu geben, damit wir uns (wieder) mit unserer Quelle, unserer inneren Giraffe verbinden und ihre Merkmale entwickeln können.

UNSER GLÜCK LIEGT DARIN, DASS WIR UNSERE INNERE QUELLE MAXIMAL AKTIVIEREN.

Sei es unter dem Blickwinkel der GFK oder des Systems der Inneren Familie (IFS, von Richard Schwartz): Wir alle haben eine innere Giraffe, ein Self, ein Selbst, eine Quelle, die ein heilender Ort ist (alle diese Begriffe bezeichnen denselben Bewusstseinsraum, den wir in diesem kleinen Übungsheft entwickeln wollen). In jedem Menschen gibt es einen Kern universaler Weisheit, der unerschütterlich gelassen ist, selbst wenn an seiner Oberfläche je nach Situation unterschiedliche Aspekte zutage treten, die von Empfindungen und Emotionen geprägt sind. Diese Aspekte sind vergleichbar mit den Wellen des Meeres, die seine Oberfläche kräuseln, während das Wasser darunter ruhig bleibt.

Das Selbst in mir stärken

2007 wurden mir durch meine Begegnung mit dem System der Inneren Familie (IFS) zwei Dinge klar:

› Ich erkannte, dass ich aus vielen Persönlichkeitsanteilen bestehe. Das wiederum war der Grund, warum es mir so schwerfiel, Entscheidungen zu treffen, und warum ich mich oft in inneren Konflikten aufrieb.
› Ich begriff: Wenn ich eine Entscheidung treffen wollte, die ich hinterher nicht bereute, dann musste ich zuvor all meine Teile anhören und nicht nur den, der sich am lautesten meldete. Nur dann hätte ich die Sicherheit, alle Aspekte »meiner selbst« gehört zu haben. Seither mache ich in einer solchen Situation meine diversen Teile ausfindig und wende mich ihnen abwechselnd liebevoll zu, so lange, bis sich eine Entscheidung herauskristallisiert.

Man trifft keine Entscheidung, man entdeckt sie!

ÉRIC BARET

Als ich zum ersten Mal beschloss, auf die Teile zu hören, die in mir im Widerstreit lagen, hatte ich schon drei Jahre mit dem Gedanken gespielt, mich von meinem Lebensgefährten zu trennen, es aber nicht in die Tat umgesetzt. Das tat keinem von uns gut, weder ihm noch mir. Daher wandte ich mich zunächst dem Teil, der noch an dieser Beziehung hing, eingehend zu, anschließend dem Teil, der seine Verpflichtungen einhalten wollte, und schließlich dem, der sich nicht mit einer Beziehung abfinden wollte, die in zu viel Unausgesprochenem dahinsiechte. Ich habe lange jenen Teil angehört, der bestrebt war, das Problem gemeinsam zu lösen. Und ich habe den Teil beruhigt, der Angst vor dem Alleinsein hatte. Das hat mich Zeit gekostet. Doch sobald meine Entscheidung feststand, habe ich mich an sie gehalten und es nie bereut – denn sie basierte darauf, dass ich alle Teile, die »mich« ausmachen, erkannt und mich liebevoll mit ihnen befasst habe.

Beim Entwirren der verschiedenen Teile gilt es zu lernen, das, was im eigenen Inneren vorgeht, zu beobachten, ohne sich damit zu identifizieren: Wenn es uns gelingt, auch nur drei Prozent unserer inneren Giraffe zu aktivieren, die unsere Teile wohlwollend betrachten, können wir schon durch diese kleine innere Distanz einen Prozess in Gang bringen, in dessen Verlauf wir »selbst« durch das »Selbst« geheilt werden.

Während ich in mich hineinhorche, stelle ich gern Figuren auf dem Boden auf oder lege Zettel aus, auf denen jeweils ein Satz oder ein Name steht, der einen bestimmten Teil repräsentiert (die Perfektionistin, die Ängstliche, die Verschlossene, die Heilige ...). Es geht darum, dass wir unsere Teile sehen und lieben lernen, damit wir uns von ihnen lösen können, sodass sie unser Leben nicht mehr steuern. Es macht einen großen Unterschied, wenn das. Selbst die Führung unseres Lebens übernimmt und nicht mehr der eine oder andere unserer Teile.

Unsere inneren Teile mit Distanz und liebevoller Zuwendung zu betrachten führt zur Heilung. Doch während wir uns unsere Teile visuell vorstellen können, gilt dies nicht für das Selbst, denn es ist unsichtbar. Das verleitet uns oft zu der Annahme, der eine oder andere unserer Teile sei alles, was wir sind, sodass wir unser Selbst überhaupt nicht mehr wahrnehmen! Und unser Leben verkompliziert sich, wenn wir vergessen, dass einer unserer Teile eben nur ein Teil ist und nicht unsere wahre tiefe Natur.

RICHARD SCHWARTZ

Wenn wir eingehend auf unser Selbst hören, entdecken wir ein unersetzliches Geschenk: die Fähigkeit, uns selbst zu lieben.

Während einige unserer Anteile leicht zu entdecken sind und sich problemlos öffnen, gibt es andere, die schwieriger auszumachen sind, die verletzt sind, Angst haben, sich gar als unzulänglich oder nicht gesund empfinden. Mit solchen Anteilen müssen wir sehr geduldig sein.

Wenn unsere verletzten Anteile sich verstanden und gewürdigt fühlen, können sie sich allmählich von ihrem Leid erholen und gesund werden. Dadurch haben wir mehr Energie für eine bessere Lebensqualität zur Verfügung.

Wenn wir uns klarmachen, wie all unsere verschiedenen Anteile zu unserem Wohlbefinden beitragen, stehen diese immer weniger unter Anspannung, denn sie haben nicht mehr das Gefühl, als Hemmnisse betrachtet zu werden.

Dagegen kostet es uns viel Energie, Anteile zu unterdrücken. Wir tun dies aus verschiedenen Gründen, zum Beispiel, weil einer unserer Anteile der Ansicht ist, dass ihm ein anderer Anteil das Leben vergällt, oder weil in unserer inneren Familie – wie in einer echten Familie – bestimmten Anteilen mehr Wert und Aufmerksamkeit zugemessen wird als anderen.

....

Beispiel

Wenn ein Junge dazu erzogen worden ist, sich stark zu zeigen, wird er recht viel Zeit darauf verwenden, seinen Körper und/oder seinen Charakter entsprechend zu formen, auf Kosten seiner Verletzlichkeit, die er tief in seinem Innern verbirgt.

....

Glücklicherweise können wir nach und nach lernen, all unsere Anteile wahr- und anzunehmen, einschließlich des Anteils, der nicht in der Lage ist, einen anderen unserer Anteile zu akzeptieren.

Hier ein kleines Aufwärmtraining, um Ihre Anteile zu entwirren und deren jeweilige Gefühle und Bedürfnisse herauszufinden. Stellen Sie sich vor, es sei schon spät, wenn Sie dieses Buch lesen, und dennoch wird Ihnen noch eine Übung vorgeschlagen.

> › **Einer Ihrer Anteile könnte neugierig sein und Lust haben, etwas Neues herauszufinden.**
> › **Ein Anteil könnte müde sein und seine Ruhe haben wollen.**
> › **Ein Anteil könnte ungeduldig darauf aus sein, dass Sie etwas für Ihre persönliche Entwicklung tun.**

› Ein Anteil könnte sich bei der Vorstellung einer weiteren Verpflichtung ärgern und sich vor allem etwas Leichtes, Vergnügliches wünschen, keine Gehirngymnastik.

So geht's:

Notieren Sie die konkreten Gegebenheiten Ihrer Situation in diesem Moment (Uhrzeit, Ihr Energielevel, zur Verfügung stehende Zeit etc.):

_____

_____

_____

Ergänzen Sie diese Sätze:

Ein Teil von mir fühlt sich _____

weil er gerne hätte, dass _____

Ein Teil von mir fühlt sich _____

weil er gerne hätte, dass _____

Ein Teil von mir fühlt sich _____

weil er gerne hätte, dass_____

Lassen Sie sich Zeit, all Ihre Teile mit ihren jeweiligen Gefühlen und Wünschen wahr- und anzunehmen, ohne etwas Bestimmtes zu erwarten und ohne zu urteilen (wenn nötig, stellen Sie sich vor Ihrem geistigen Auge vor, die Teile würden vor Ihnen im Halbkreis sitzen, oder Sie schreiben sie auf Zettel, die Sie vor sich auf den Tisch legen).

Schreiben Sie auf, wie Sie sich fühlen, nachdem Sie Ihre Anteile auf diese Weise wahr- und angenommen haben:

_____

_____

_____

Was können wir konkret tun, um zu lernen, alles, was wir sind, in unser Herz anzunehmen?

› Wenn Sie das nächste Mal in einer schwierigen Situation sind, nehmen Sie sich die Zeit, wirklich in sich hineinzuhorchen.
› Hören Sie zu, was der erste Ihrer Anteile, der sich meldet, sagt, und verbinden Sie sich mitfühlend mit dem, was er durchlebt und fühlt. Versuchen Sie herauszufinden, welche

Bedürfnisse er hat, bis Sie spüren, dass das momentane Unbehagen sich legt. Sobald die Bedürfnisse eines Anteils gefunden und von ganzem Herzen angenommen worden sind, beruhigt er sich.

› Geschieht das nicht, liegt es entweder daran, dass sich hinter den bereits erkannten Bedürfnissen noch weitere verbergen, oder aber daran, dass Sie den betreffenden Teil nur mit dem Verstand erfasst und angenommen haben, nicht aber mit dem Herzen.

WICHTIG IST, SICH IM HERZEN VON DIESEM ANTEIL BERÜHREN ZU LASSEN. JE MEHR ER IN SEINER WOHLWOLLENDEN ABSICHT ANERKANNT WIRD, UMSO EHER WIRD ER ZUR RUHE KOMMEN UND OFFEN FÜR VERÄNDERUNG SEIN.

»Es ist leichter, Klarheit in die Aussagen Ihrer verschiedenen Anteile zu bringen, wenn diese sich laut äußern. Sprechen Sie also, wenn möglich, laut im Namen jedes Teils.«

ISABELLE PADOVANI

Nehmen Sie sich genügend Zeit, um jedem Anteil in Ruhe zuzuhören, und vermeiden Sie es, von einem zum anderen zu springen. Falls zu viele Gedanken oder Gefühle auf einmal auf Sie einströmen, nehmen Sie es einfach zur Kenntnis, ohne näher auf sie einzugehen; dadurch können Sie Ihre volle Aufmerksamkeit leichter dem Teil zuwenden, dem Sie gerade zuhören.

> Überprüfen Sie, ob der Teil, auf den Sie sich gerade konzentrieren, den Eindruck hat, dass Sie ihm gut zuhören, und was er empfindet, wenn er angehört wird. Um eine Verbindung zu ihm herzustellen und ihn kennenzulernen, kann es hilfreich sein, ihn zunächst darum zu bitten, etwas über sich zu erzählen, sein Alter zu nennen etc. Machen Sie sich bewusst, welche Gefühle Sie ihm gegenüber hegen.

· ·

Achtung!

Wenn Sie unangenehme Gefühle haben, dann ist nicht Ihr Selbst am Ruder, sondern ein anderer Teil von Ihnen hat die Kontrolle übernommen!

Die innere Giraffe ist nämlich frei von Erwartungen und hat deswegen auch keine unliebsamen Gefühle. Wenn Sie also ein solches Gefühl ausfindig machen, benennen Sie es einfach und lösen diesen Teil behutsam von Ihrem Selbst.

Nach und nach werden Sie sich daran gewöhnen zu sagen: »Ein Teil von mir ist zornig« oder »Ein Teil von mir ist gestresst«, und erfahren, wie viel hilfreicher das ist, als zu sagen: »Ich bin wütend!« oder »Ich bin gestresst«.

· ·

Solange ein Teil Sie gänzlich vereinnahmt, haben Sie nicht die geringste Macht über Ihren inneren Zustand. Sobald es Ihnen jedoch gelingt, Abstand zu gewinnen, öffnet sich ein zentrierter, stiller Raum in Ihnen. Diesen Raum, in dem Sie immer mehr dessen gewahr werden, was in Ihnen vorgeht, können Sie peu à peu erweitern. Das ist das Ziel dieser Übung.

Hinweis

Unsere verletzlichsten inneren Anteile werden häufig von Wächtern geschützt, die eine Art Schutzschild bilden und sich insofern sehr verdienstvoll verhalten, als sie alles tun, um Leid von uns fernzuhalten. Allein für diese Anstrengung sollten wir sie anerkennen und würdigen.

Richard Schwartz zufolge konstruieren wir im Lauf unseres Lebens in uns so etwas wie eine innere Familie, deren Mitglieder unsere Anteile sind. Da unter ihnen ein empfindliches Gleichgewicht herrscht, ist es – unabhängig davon, was wir ändern möchten – wichtig, immer behutsam mit allen Teilen umzugehen.

Paul Watzlawick verwendet hier die Metapher der beiden Segler. Beide sitzen in einem Boot jeweils auf einer Seite. Wenn einer der Segler sich bewegt, ohne sich vorher mit dem anderen abzustimmen, besteht die Gefahr, dass er das Boot zum Kentern bringt. Es ist also angezeigt, einen Kapitän zu haben, der solche Bewegungen koordiniert. Dieser Kapitän ist unsere »innere Giraffe«, die mitunter alle Hände voll zu tun hat, denn unser Denken setzt uns unter Druck, schnell ein Ergebnis zu erzielen ... Das Selbst hingegen hegt keine Erwartungen – noch nicht einmal die, sein eigenes Wohlbefinden zu verbessern.

Übung

Wählen Sie eine Situation aus, in der Sie zwiegespalten sind:

A. Ein Teil ist organisiert, plant und strukturiert gerne.
B. Ein Teil lebt gerne in den Tag hinein und mag Unvorhergesehenes.

Welches sind die Bedürfnisse Ihres organisierten Teils?

_____

_____

_____

Welches sind die Bedürfnisse des Teils in Ihnen, der sich gerne überraschen lässt?

_____

_____

_____

> Mögliche Antworten:
> Teil A: Sicherheit, Zielgerichtetheit, optimale Zeitausnutzung, präzises Timing, Klarheit, Verantwortung ...
> Teil B: Entspannung, auf die eigenen Fähigkeiten vertrauen, Kreativität, sich vom Augenblick inspirieren lassen ...

Ihre verschiedenen Anteile erkennen und deren jeweilige Bedürfnisse bei einer schwierigen Entscheidung wertschätzen

› Nennen Sie eine Entscheidung, die Ihnen schwerfällt.

› Hören Sie in sich hinein und auf den ersten Teil, der sich meldet. Hören Sie ihm wohlwollend zu, finden Sie heraus, inwiefern er dazu beitragen will, dass es Ihnen gut geht, selbst wenn die Art und Weise, wie er das tut, Ihnen Probleme bereitet.

› Verfahren Sie ebenso mit den anderen Teilen, die Sie in sich entdecken. Diese Entflechtung der verschiedenen Anteile und die folgende Wertschätzung für jeden Einzelnen von ihnen führen allmählich zu innerer Entspannung und Zentrierung und bringen Sie ins Gleichgewicht.

› Fragen Sie jeden Teil, nachdem Sie ihn angehört haben, ob er von der Existenz der anderen Teile weiß, ob ihm deren Bedürfnisse, Werte und Bemühungen bewusst sind. Wenn nicht, stellen Sie ihm die anderen so vor, als würden Sie Freunde von Ihnen miteinander bekannt machen. Sorgen Sie dafür, dass sie miteinander ins Gespräch kommen und begreifen, was die anderen bewegt. Gehen Sie auf diese Weise alle betroffenen Teile hintereinander durch. Sobald die widerstreitenden Teile die jeweiligen Bedürfnisse der anderen erkannt haben, stellt sich Gelassenheit ein, und es findet sich leichter eine Lösung. Wenn es Ihnen gelingt, dass alle Teile sich wohlfühlen und untereinander wirklich verstehen, kommt es unweigerlich zu einer Beruhigung und Versöhnung. Wichtig ist, den Teilen von ganzem Herzen zuzuhören in dem Bewusstsein, dass jeder versucht, seine speziellen Bedürfnisse zu erfüllen.

› Suchen Sie nun nach einer Lösungsstrategie, die allen Teilen dienlich ist. Hier gilt es, einen Konsens (eine kreative, positive Lösung für jeden Teil) zu finden – keinen Kompromiss (bei dem bestimmte Teile sich opfern)!

› Feiern Sie, dass Ihnen so etwas Wunderbares gelungen ist!

**DAS, WAS UNS ZU SCHAFFEN MACHT,
IST DIE UNFÄHIGKEIT, UNS MIT UNSEREM SELBST
ZU VERBINDEN UND UNSERE TIEFSTEN BEDÜRFNISSE
ZU RESPEKTIEREN.**

Hilfreiche Tipps für die Umsetzung

Die Arbeit mit den Anteilen ist ein Prozess, der sich schrittweise vollzieht und bei dem die Zeit Ihre Verbündete ist.

› Beginnen Sie damit, dass Sie Ihre Aufmerksamkeit dem Teil zuwenden, der am lautesten schreit. Vor allem wenn Sie einen Ihrer Teile lange vernachlässigt haben, möchte er die Aufmerksamkeit, die ihm bisher gefehlt hat, nachholen. Nehmen Sie sich die Zeit, ihm zuzuhören, ohne ein bestimmtes Ergebnis zu erwarten.

› Selbst wenn das Verhalten des einen oder anderen Teils Ihnen schwierig erscheint: Alle Teile wollen Ihr Bestes.

› Unter Umständen fühlen Sie sich zwischen den Bedürfnissen Ihrer verschiedenen Teile hin- und hergerissen. Es erfordert Geduld, zu spüren, was in dem Moment am besten für Sie ist, ohne dass Sie Ihren Ängsten, Gewohnheiten, fixen Ideen oder Ihrem Wunsch nach einer schnellen Lösung nachgeben.

› Spannungen entstehen, wenn einer Ihrer Teile die Oberhand gewinnt oder sogar versucht, sich als das Selbst auszugeben. Das Selbst ist jedoch grundsätzlich entspannt. Wenn Sie also etwas Unangenehmes spüren, ist es immer die Äußerung eines Anteils.

› Jede unangenehme Empfindung oder Emotion, jeder wiederkehrende Gedanke ist die Äußerung innerer Anteile.

› Wenn verschiedene Gedanken Ähnliches aussagen, sind Sie möglicherweise der Ausdruck ein und desselben Teils. Um zu klären, ob das der Fall ist, können Sie sich auf die jeweils damit einhergehenden Empfindungen, Bilder und inneren Stimmen stützen.

› Wenn Sie einen Ihrer Teile von Ihrem Selbst »lösen«, beobachten Sie sorgfältig, wie die anderen reagieren.

› Oft kommt es vor, dass Anteile in der Vergangenheit »festhängen«, ohne zu merken, dass Sie sich weiterentwickelt haben. Fürchtet sich zum Beispiel ein Teil vor Kritik, dann ist er vielleicht in der Kindheit »stehen geblieben«, und ihm ist nicht bewusst, dass Sie seither viele Fähigkeiten entwickelt haben.

Alle unsere Bedürfnisse entdecken

Viele menschliche Bedürfnisse tendieren von Natur aus zum Egozentrismus, das heißt, sie sind ichbezogen – ohne das hier negativ zu bewerten.

Einige unserer Bedürfnisse sind **ichbezogen** in dem Sinne, dass sie Ausdruck einer bestimmten Erwartung an jemand anderen sind (Rücksicht, Verständnis, Anerkennung, Hilfe ...), andere sind **physische Bedürfnisse** (essen, atmen, schlafen ...) und wieder andere sind **Bedürfnisse auf der Bewusstseinsebene,** wie Selbstverwirklichung und Transzendenz (einen Beitrag zum Leben leisten, lernen, etwas Schönes erschaffen). Uns geht es hier um Letztere. Diese Bedürfnisse nach innerem Wachstum entsprechen insofern Bewusstseinsqualitäten, als sie **von einem Dienst am Lebenden, einem erhabenen Wert, einem Streben nach Höherem zeugen.**

Normalerweise haben wir keine Probleme mit unseren verschiedenen Bedürfnisebenen, solange wir nicht – weil wir uns selbst nicht gut genug kennen – unsere egoistischen Bedürfnisse mit unseren tiefsten Wünschen nach Selbstverwirklichung verwechseln. Im letzteren Fall rücken unsere Träume in weite Ferne, obwohl wir ihnen doch eigentlich näher kommen wollten. Daher ist es wichtig, dass wir uns darüber klar werden, welcher Wunsch nach innerem Wachstum unseren unerfüllten oder egoistischen Bedürfnissen zugrunde liegt.

So äußern sich Wachstumsbedürfnisse:

1. Sie lassen uns vor Begeisterung übersprudeln, verleihen uns Schwung, sprechen von unseren Träumen, unserem Wünschen und Streben.
2. Diese Bedürfnisse sind anspornend und motivierend in dem Sinne, dass sie uns und unsere Umgebung inspirieren und anregen, was unsere Chancen, gehört zu werden, erheblich steigert ... Zum Beispiel: »Ich habe das Bedürfnis, etwas Schönes zu kreieren.«
3. Sie beziehen nur uns selbst mit ein; andere Menschen sind nicht mit im Bild, auch nicht implizit. So unterscheidet sich zum Beispiel »Ich habe das Bedürfnis, mein Bestes zu geben, und das schaffe ich besser in Ruhe« deutlich von »Ich will Ruhe haben«, in dem mitschwingt »Ruhe vor dir«.

All unsere Bedürfnisse haben das Recht, von uns wohlwollend und rücksichtsvoll wahr- und angenommen zu werden.
Doch je mehr wir lernen, wieder mit unseren Wachstumsbedürfnissen in Verbindung zu treten und zu äußern, was wir wirklich wollen, umso überzeugender und inspirierender für andere können wir dies auch nach außen transportieren. Zum Beispiel: **»Mir liegt sehr viel daran, meine Arbeit so gut wie möglich zu erledigen.«** Ichbezogene Bedürfnisse dagegen kommen tendenziell als verkappte Vorwürfe daher: So klingt zum Beispiel ein **»Ich will, dass man Rücksicht auf mich nimmt«** schnell nach **»Du nimmst keine Rücksicht auf mich«**.
Bedürfnisse nach Selbstverwirklichung und Transzendenz tragen wir alle in uns, doch sie sind oft unter ichbezogenen Bedürfnissen verborgen.

Übung:
Denken Sie an eine Situation, in der es Ihnen an etwas mangelte oder die frustrierend für Sie war.

1. Konkrete Begebenheit:
_____

2. Ihre Gedanken:
_____

3. Ihre Empfindungen:
_____

4. Ihre Gefühle:
_____

5. Ihre Bedürfnisse:
_____

Beispiel
Konkrete Begebenheit: Mein Mann hat den ganzen Tag Fußball geguckt!
Gedanke: Unsere Beziehung ist ihm völlig schnurz!
Empfindungen und Gefühle: Niedergeschlagenheit, Traurigkeit, Ärger.

Bedürfnisse: Aufmerksamkeit, menschliche Wärme, Nähe ...
Ausgehend von den Bedürfnissen, die Sie ausfindig gemacht
haben, welche auch immer es sind, fragen Sie sich nun:

6. Wenn dieses Bedürfnis erfüllt wird, was ist daran für mich
befriedigend? Was geht dann in mir vor?
Nehmen Sie sich die Zeit, nicht nur die spontane erste Antwort
auf die Frage wahrzunehmen, sondern immer tiefer in sich hineinzuhorchen und so die Antwort immer weiter zu präzisieren.

_____

_____

_____

_____

_____

Von Antwort zu Antwort vertieft sich etwas, so lange, bis es Ihnen
möglich ist, sich mit einem tiefen, inspirierenden Bedürfnis zu
verbinden (das gelegentlich ein ganzer Satz werden kann). Wenn
Sie sich in diesem Moment anderen mitteilen, tun Sie das mit
einem solchen Elan, dass Ihre Umgebung Sie gern dabei unterstützen wird, dieses Bedürfnis zu befriedigen.

› **Gespürte Bedürfnisse:** Miteinander, Vertrautheit, Entspannung, Sicherheit in der Beziehung ...
› **Zugrunde liegende Wachstumsbedürfnisse:** Selbstverwirklichung, stärkere Entfaltung in der Beziehung, Sinnhaftigkeit Ihrer Lebensentscheidung, Ihr Potenzial voll ausschöpfen ...
› Wenn man sich auf der Ebene der Wachstumsbedürfnisse bzw. der Bewusstseinsqualitäten befindet, spürt man das körperlich in Form eines genussvollen inneren JA.

Dann ist man bereit für die letzte Etappe:

Denken Sie sich eine Bitte aus, die Sie an sich selbst oder an jemand anderen richten wollen. Denken Sie daran, dass sie einem inneren Ort der Fülle entspringt und nicht einer Energie des Klagens. Sie geht aus einem tiefen Wunsch hervor, nicht aus einem Vorwurf oder einer Forderung.

**IHRE ENERGIE IST VERGLEICHBAR MIT DER
DES WEIHNACHTSMANNS, DER DIE GESCHENKE BRINGT,
DIE UNTER DEN CHRISTBAUM GELEGT WERDEN.**

So schwierig die Suche nach unseren tiefsten inneren Wünschen uns zunächst erscheinen mag, was sich dabei herauskristallisiert ist unser Selbst, unsere spirituelle Essenz. Wir lernen auf diesem Weg, Distanz zu gewinnen gegenüber unhinterfragten festen Überzeugungen, ichbezogenen Bedürfnissen und unserem Anspruch, andere »sollten« unsere Wünsche erraten und sie erfüllen. Und das ist ungeheuer befreiend.

Durch diesen Bewusstwerdungsprozess treten wir aus unserer Opferrolle heraus und ermöglichen die Entfaltung unseres Selbst bzw. unserer **»inneren Giraffe«.**

Um zur konkreten Beziehungsebene zurückzukehren: Was vor allem zählt, ist das, was in uns vorgeht. Denken wir, der andere sei im Unrecht oder er müsse uns dieses oder jenes geben? Oder verbinden wir uns einfach innerlich mit unserem momentanen Wunsch, ohne jemanden zu beschuldigen oder etwas von ihm zu erwarten – noch nicht einmal in unseren Gedanken?

Noch ein Hinweis: Da realistischerweise nicht immer jedes Bedürfnis befriedigt werden kann, ist es sinnvoll, dass wir in uns einen Ort entwickeln, an dem wir uns so fühlen können, als sei das, was wir wollen, schon verwirklicht. Das bringt uns dazu, zu praktizieren, wie sich verschiedene Bewusstseinsqualitäten »anfühlen«.

Bewusstseinsqualitäten erkennen und fühlen

> › Erinnern Sie sich an einen Moment Ihres Lebens, in dem ein bis dahin unerfülltes Bedürfnis endlich befriedigt wurde. Lassen Sie diesen Moment und dieses Bedürfnis vor Ihrem inneren Auge wieder gegenwärtig werden.
> › Machen Sie sich ein genaues Bild davon, was dieses Bedürfnis für Sie bedeutet.
> › Tauchen Sie in die Erinnerung ein, indem Sie sich fragen: »Was empfinde ich körperlich, wenn dieses Bedürfnis befriedigt ist? Was emotional?«
> › Spüren Sie Ihre Empfindungen und Gefühle, als sei das Bedürfnis jetzt erfüllt.

Zu Beginn dieser Praxis kann es sein, dass man die Gefühle und Erfahrungen eher beschreibt als spürt. Wichtig ist, dass Sie nach und nach das, was Sie im Zusammenhang mit dem betreffenden erfüllten Bedürfnis fühlen, in Ihr Inneres ausstrahlen lassen. Durch die Neuroplastizität des Gehirns ist es möglich, mithilfe dieser Übung neue neuronale Verbindungen der Freude und des Wohlbefindens herzustellen, und zwar dadurch, dass die betreffende Bewusstseinsqualität sich immer mehr entfaltet.

Achtung! Verlieren Sie sich nicht in nostalgischen Gedanken über den Moment in der Vergangenheit, in dem dieses Bedürfnis gestillt wurde! Es hilft, wenn Sie auf einem Blatt Papier notieren:

»Ich hätte gerne ...« (A) und auf einem weiteren Blatt die »gewünschte Bewusstseinsqualität« (B).

Legen Sie anschließend die Blätter auf den Boden. Stellen Sie sich auf **A** und spüren Sie kurz den Mangel. Stellen Sie sich dann auf **B** und spüren Sie so lange wie möglich das Gefühl der aufgeschriebenen Qualität, als seien Sie vollkommen von ihr durchdrungen.

DAS, WAS MAN FÜHLT,
AUF EIN BLATT PAPIER ZU SCHREIBEN ERZEUGT
EINE ENTSPRECHENDE ENERGIE!

Durch diese Übung verändern Sie Ihre Nervenbahnen – jetzt bestimmen Sie, wie Sie sich fühlen!

Beispiel:
A: Ich vermisse menschliche Wärme und Vertrautheit.
B: Ich spüre Vertrautheit und Herzlichkeit.

_____

_____

_____

_____

_____

Einen »Fehler« annehmen, mit dem man sich schwer abfinden kann

Das Wort **»Fehler«** wird in der Gewaltfreien Kommunikation nicht gern verwendet, denn man betrachtet jedes Handeln, selbst wenn es »falsch« ist, lieber als ungeschickten Ausdruck von Gefühlen und Bedürfnissen, die man zu befriedigen versucht – und auch als eine wunderbare Gelegenheit zu lernen.

Denken Sie trotzdem jetzt an einen Ihrer »Fehler«, mit dem Sie sich nicht anfreunden können.

Beispiel eines Vaters: Ich habe meinen Sohn angeschrien und ihn einen Nichtsnutz genannt; jetzt spricht er nicht mehr mit mir.

Gehen Sie nun Ihren Gefühlen im Anschluss an dieses Vorkommnis und den zugrunde liegenden unbefriedigten Bedürfnissen nach. Betrachten Sie sie mitfühlend.

_____

_____

_____

_____

(In unserem Beispiel könnte sich der Vater sagen: Ich fühle mich traurig, weil mein Bedürfnis nach Verbundenheit, Gelassenheit und Selbstbeherrschung unerfüllt ist.)

_____

_____

_____

Welche Bedürfnisse wollten Sie durch dieses Verhalten befriedigen und was fühlen Sie, wenn Sie darüber nachdenken? Nehmen Sie alles, was kommt, mit Freundlichkeit wahr und an. (Beispiel: Ich habe versucht, meiner Vaterrolle gerecht zu werden, Grenzen zu setzen, ihn zu einer Reaktion zu bringen, eigentlich: ihm Werte zu vermitteln ... Und es berührt mich zu erkennen, dass ich diese Bedürfnisse hatte.)

_____

_____

_____

Überlegen Sie, ob die Bedürfnisse, die Sie erfüllen wollten, bei anderen Gelegenheiten befriedigt worden sind, und wenn ja, auf welche Weise. Schreiben Sie es hier auf.

_____

_____

(Beispiel: Wenn ich erst etwas sage, nachdem ich mir die Zeit genommen habe, mir über die Dinge klar zu werden, bewahre ich leichter die Ruhe.)

_____

_____

_____

Wenn Ihnen keine Gelegenheit einfällt, überlegen Sie sich eine Strategie, die Ihnen helfen könnte, die Bedürfnisse zu befriedigen. Seien Sie kreativ!

_____

_____

_____

(Beispiel: Ich könnte schriftlich einige Gesprächsformulierungen vorbereiten oder meine Frau bitten, dass wir zu zweit herausfinden, wie ich mich konstruktiver ausdrücken kann.)

_____

_____

_____

Sich von einer Abhängigkeit befreien

Ursprünge und Erklärungen:

Nach einem oder mehreren traumatisierenden Erlebnissen in unserer Kindheit, bei denen bestimmte wichtige Bedürfnisse unbefriedigt geblieben sind, fühlen wir uns möglicherweise so verletzt, dass wir nicht mehr in der Lage sind, mit bestimmten Situationen und/oder ihren Konsequenzen gut umzugehen. Das beeinträchtigt dann einen Anteil unserer Psyche, der dauerhaft auf dem Stand bleibt, auf dem er zur Zeit der traumatischen Erfahrung war, und in der Folge bilden sich Strukturen aus, die alles tun, um uns vor weiteren Verletzungen zu schützen. Wenn wir dann später ähnlichen Situationen ausgesetzt sind – in deren Verlauf bestimmte Bedürfnisse, die wir haben, nicht erfüllt werden – oder sogar schon dann, wenn uns nur entsprechende Gedanken oder Befürchtungen überkommen, werden in uns Mechanismen in Gang gesetzt, die unsere verletzlichen Anteile schützen und uns ermöglichen sollen, trotzdem weiterhin in der Welt zu funktionieren.

Abhängigkeiten entstehen häufig schon früh aus einem Mangel heraus, nämlich dem nicht befriedigten Bedürfnis, so, wie man ist, akzeptiert und als wertvoller Mensch anerkannt zu werden. Das erzeugt einen tiefen Schmerz, der oft auch mit Scham verbunden ist. Wenn ein grundlegendes Bedürfnis unbefriedigt bleibt, prägt uns das im Allgemeinen dauerhaft – wir machen die Erfahrung eines permanenten Schmerzes, der im Englischen als »frozen need«, »eingefrorenes Bedürfnis«, bezeichnet wird. Dieser stets latent vorhandene Schmerz kann jederzeit wieder aktiviert werden. So ist bei Kindern, die Missbrauch erlebt haben, nachweislich die Tendenz zu Sucht- und Abhängigkeitsverhalten – sei es auf körperlicher, emotionaler oder spiritueller Ebene – erhöht. Zudem wurden bei ihnen Gewebe- und Nervenschädigungen im Gehirn festgestellt, ebenso ein Mangel an bestimmten Botenstoffen, darunter diejenigen, die Freude, Motivation und Optimismus vermitteln (Serotonin, Dopamin, Endorphine). Es ist nur logisch, dass davon Betroffene nach Mitteln suchen, um ihre unerfüllten Bedürfnisse doch noch zu befriedigen, sei es durch Essen, Alkohol, Drogen, Nikotin, Arbeit, exzessives Sporttreiben, sozialen Rückzug, emotionale Abhängigkeit …

All diese Strategien sollen dazu dienen, eine existenzielle Leere zu füllen, die entsteht, wenn wir nicht genug Liebe, Wärme und Zuwendung erfahren haben. Sie zielen darauf ab, uns Schmerz zu ersparen, der entweder mit »eingefrorenen« oder chronisch unbefriedigten Bedürfnissen einhergeht. Fakt ist aber, dass es schwierig ist, in der Gegenwart – in der in erster Linie die Befriedigung unserer momentanen Bedürfnisse ansteht –, nachträglich eines unserer »eingefrorenen« Bedürfnisse zu erfüllen oder ein damit zusammenhängendes Leid aufzulösen. Abhängigkeiten führen in der Regel dazu, dass uns unerfüllte Bedürfnisse für kurze Zeit weniger bewusst sind (was zwar im Augenblick eine Entlastung sein kann, aber das Grundproblem nicht löst); gleichzeitig lassen sie das sowieso geringe Selbstwertgefühl der Betroffenen im wieder nüchternen Zustand noch weiter sinken. Dazu kommt, dass ein Suchtmittel oft – kurzfristig – mehrere Bedürfnisse auf einmal erfüllt. Beispielsweise kann uns Alkohol entspannen, kontaktfreudiger machen, unser mangelndes Selbstwertgefühl verdecken und unsere Schamgefühle verringern – einschließlich der Scham aufgrund der Sucht. All das hält einen Teufelskreis in Gang, aus dem die Betroffenen nur schwer wieder herausfinden.

Tatsache ist, dass eine kurzfristige Erleichterung durch ein Suchtmittel die Situation langfristig verschlimmert. Doch leider ist es die einzige uns bekannte Strategie, die mehrere Bedürfnisse gleichzeitig erfüllt.

Zur dauerhaften Auflösung eines Traumas müssen wir neue neuronale Verschaltungen in unserem limbischen System, der Gehirnregion, die für die Verarbeitung von Emotionen zuständig ist, schaffen. Das geschieht mithilfe von Therapien, die von entsprechend ausgebildeten Therapeuten durchgeführt werden. Aber wir können auch auf eigene Faust etwas dafür tun, unser emotionales Gedächtnis zu verändern: durch Selbstempathie, Selbstmitgefühl und indem wir die erwünschten Bewusstseinsqualitäten und die damit verbundenen Gefühle praktizieren.

Wichtig ist, dass wir lernen, die lebendige Energie der Bedürfnisse, die in unserer Kindheit nicht befriedigt wurden, in unserem Körper so zu spüren, als seien sie erfüllt. Wenn unser Gehirn registriert, wie es sich anfühlt, wenn bestimmte Bedürfnisse befriedigt sind – was es ja bisher nicht erlebt hat –, bilden sich neue Nervenbahnen, die nach und nach bewirken, dass wir uns aus einer Abhängigkeit lösen können. Ganz entscheidend dabei ist, dass wir parallel zu dieser Arbeit an unseren Emotionen im Alltag Gewohnheiten etablieren, die uns helfen, zu lernen, die betreffenden Bedürfnisse auch anders zu befriedigen als durch ein Suchtmittel.

ÜBUNG: ERSTE SCHRITTE, UM SICH VON EINER SUCHT ZU BEFREIEN

1. Verbinden Sie sich mit der Energie der Abhängigkeit. Stellen Sie sich vor, Sie kämpfen mit Ihrer Sucht, und fragen Sie sich: Wie fühlt sich das an, was sich in meinem Körper abspielt, kurz bevor ich zu meinem üblichen Suchtmittel greife? Was sagt mir meine Körperweisheit? Woher kommt dieser Drang in mir, etwas befriedigen zu müssen? Erlauben Sie sich, mit der Energie und dem Drang Ihrer Sucht in Kontakt zu treten. Das geschieht nicht über Gedanken, sondern über Gefühle.

2. Zeichnen Sie zwei Spalten auf ein Blatt Papier: eine für die Bedürfnisse, die durch die Sucht befriedigt werden, und eine für die Bedürfnisse, die die Sucht nicht erfüllt.
    Schreiben Sie alle Bedürfnisse, die in Ihnen auftauchen, auf. Die Spalten sind vollständig, wenn Sie eine Art inneres »Ja« spüren.

3. Finden Sie die tieferen Wünsche heraus, die sich hinter den unerfüllten Bedürfnissen verbergen.

BEISPIEL: BEI ALKOHOLSUCHT KÖNNTE DAS DABEI HERAUSKOMMEN

Befriedigte Bedürfnisse: Wärme, Feiern, Entspannung, Leichtigkeit, Kontakt, Ungezwungenheit usw.
Unbefriedigte Bedürfnisse: geistige Klarheit, Entscheidungsfreiheit, Sicherheit, Gesundheit, soziale Verbundenheit …
Tiefere Bedürfnisse, die ausgehend von den unbefriedigten Bedürfnissen zum Vorschein kommen: Hat man Entscheidungsfreiheit, befriedigt das ein Bedürfnis nach Selbstachtung. Ist Selbstachtung vorhanden, erfüllt das ein Bedürfnis nach Entspannung und sozialer Integration, was wiederum die Lebensfreude erhöht – man freut sich seines Daseins.

4. Nehmen Sie sich Zeit, die Gefühle gegenüber jedem der in den zwei Spalten notierten Bedürfnisse zu spüren. Dieser entscheidende Schritt bringt Sie aber nur dann weiter, wenn es Ihnen gelingt, Ihre Gefühle nicht zu bewerten. Spüren Sie beispielsweise voll und ganz Ihre Freude, wenn Sie entspannt sind und feiern; ebenso wie die Besorgnis um Ihre geistige Klarheit, Ihre Enttäuschung über Ihre mangelnde Entscheidungsfreiheit usw.

Denken Sie immer daran:
> Sie sind ein Mensch, der stets sein Bestes tut, mit all seinen Stärken und Schwächen, seiner Erziehung, seinen Konditionierungen …
> Verständnis für sich selbst zu haben ist kein Ausdruck von zu großer Nachsicht.

5. Zelebrieren Sie von Herzen die Schönheit jedes Bedürfnisses, ob erfüllt oder nicht. Jedes Bedürfnis an sich ist SCHÖN – es repräsentiert das Leben! Das Problem liegt nicht im Bedürfnis, sondern darin, wie wir es zu befriedigen versuchen. Hier kommt es darauf an, die Schönheit unserer Absichten zu feiern.

6. Überlegen Sie, ob es in Ihrem Leben Orte und Tätigkeiten gibt, mit denen Bedürfnisse, die normalerweise von Ihrer Sucht befriedigt werden, ebenfalls erfüllt werden können – und zwar auf weniger destruktive Weise (ersetzen Sie also nicht einfach Alkohol durch Zigaretten!). Finden Sie heraus, wie Sie die Zahl solcher Orte und die Häufigkeit solcher Tätigkeiten erhöhen könnten.
Wenn Alkohol und Zigaretten mein Bedürfnis nach Entspannung erfüllen, wie kann ich mich dann entspannen, ohne zu trinken oder zu rauchen?

7. Wenn Sie solche Orte und Handlungen nicht finden, überlegen Sie sich andere Strategien, wie Sie Ihre Bedürfnisse befriedigen könnten.
Eine Abhängigkeit oder Sucht verschwindet nicht auf einmal, sondern sie lockert allmählich ihren Griff, wenn wir die Bedürfnisse kennen, die sie befriedigt, und lernen, ihnen auf andere Weise gerecht zu werden.

Schlüsselgedanken zu Sucht und Abhängigkeit

› Paradox ist: Wenn wir es schaffen, das Beenden unseres Suchtverhaltens nicht mehr als Synonym für Erfolg (und entsprechend das Fortführen dieses Verhaltens als Niederlage) zu betrachten, wenn wir uns also, anders ausgedrückt, in Bezug auf das Ergebnis nicht im Geringsten mehr unter Druck setzen, dann hilft uns das beträchtlich.

› Damit sich dauerhaft etwas ändern kann, ist es wesentlich, über einen Zeitraum von mehreren Wochen hinweg neue Strategien zur Erfüllung der Bedürfnisse anzuwenden, die normalerweise von der Sucht befriedigt werden.

› Diese Arbeit an uns fällt uns leichter, wenn unsere Umgebung möglichst keine Erwartungen in Bezug auf das Ergebnis hegt und uns nicht bewertet – insbesondere dann nicht, wenn unser Suchtverhalten auch ihr Leben beeinflusst.

› Wenn wir genug neue Strategien eingeführt und ausreichend unterstützendes Feedback erlebt und verinnerlicht haben, verliert unsere Abhängigkeit allmählich an Zugkraft. Vielleicht haben wir sogar von uns aus den Wunsch, eine Entziehungskur zu machen.

> Wenn es uns gelingt, bevor wir in unser Suchtverhalten verfallen, einige Minuten in uns hineinzuhorchen, dann erhöhen wir die Chancen, etwas Distanz dazu zu gewinnen. Und wenn wir uns mit den Bedürfnissen verbinden, die momentan unerfüllt sind, hilft uns das herauszufinden, wie wir sie auf andere Weise befriedigen könnten.

....

Beipiel: Es ist Abend, die Kinder sind aufgedreht und wollen nicht ins Bett, Sie selbst sind müde und reizbar und denken: »Ich brauche eine Zigarette, um mich zu beruhigen.« Fragen Sie sich vor dem Anzünden der Zigarette: »Was spüre ich? Was will ich jetzt?«

....

Tun Sie das wenn möglich jedes Mal, wenn Sie kurz davor sind, zu Ihrem Suchtmittel zu greifen, um Ihre wahren Bedürfnisse zu klären. Fokussieren Sie sich dabei nicht auf Ihre Abhängigkeit. Nach und nach wird diese Praxis Ihren Entscheidungsspielraum erweitern. Und dann kann es sein, dass Sie hin und wieder nicht in Ihr Suchtverhalten verfallen, sondern Ihr Bedürfnis auf andere Weise erfüllen, zum Beispiel indem Sie kurz an die frische Luft gehen oder Ihrem reizbaren Teil liebevolle Zuwendung geben.

Wenn es Ihnen nicht gelingt, unmittelbar vor dem Suchtverhalten in sich hineinzuhorchen, versuchen Sie es in weniger schwierigen Momenten.

Beispiele für Süchte: Tabak, Alkohol, Drogen, Sex, Shopping, Essen, Internet, Fernsehen, Computerspiele, exzessiver Sport, Rückzug, Nicht-allein-sein-Können ... Zwangsverhalten (sich dreißigmal am Tag die Hände waschen; immer wieder prüfen, ob der Herd ausgeschaltet ist ...)

Was tun, wenn man zu niedergedrückt ist, um an sich zu arbeiten oder all seine Teile ausführlich anzuhören?

Versuchen Sie es in diesem Fall mit diesen vier Tricks:

ABLENKUNG

Manchmal geht es uns so schlecht, dass nur noch »Beschäftigungstherapie« hilft, also etwas zu tun, um nicht in ein dunkles Loch zu fallen.

Beispiele: Sport treiben, fernsehen, arbeiten, Freunde treffen, die Natur genießen, reisen … all das kann uns helfen, wieder zurück ins Leben zu finden. Der österreichische Psychiater Viktor E. Frankl, der 1940 Häftling in einem Konzentrationslager war, schöpfte neue Kraft aus dem Betrachten des Sonnenuntergangs.

Mitunter brauchen wir nach einem Schock, einem traumatischen Erlebnis oder einer depressiven Phase etwas Zeit, die Dinge zu bewältigen, damit Körper und Psyche wieder ins Lot kommen.

GEBEN

Dazu beitragen, dass es anderen gut geht, indem man etwas von sich selbst gibt, ist äußerst hilfreich, um das eigene Leid zu relativieren und zu mindern.

Beispiel: Flüchtlingen helfen, die gerade ins Land gekommen sind.

BITTEN UM …

… Gesellschaft, das Zusammensein mit anderen. Manchmal braucht es etwas Mut, um Unterstützung zu bitten – aber umso wohltuender ist es, wenn man sie dann annimmt!

Beispiel: Eine(n) Freund(in) kontaktieren und vorschlagen, gemeinsam spazieren zu gehen.

EINTAUCHEN ...

... in den Schmerz, allein oder begleitet, um sich ihm uneingeschränkt zu stellen. Wenn etwas Leidvolles vollständig angenommen wird, transformiert es sich.

Beispiel: Sich an eine nahestehende Person wenden und sie bitten, Ihnen zuzuhören; sie bitten, Ihnen zu helfen, »bei dem zu bleiben, was Sie an Schwierigem durchmachen«; einfach da zu sein, ohne Ihr Problem lösen zu wollen, Sie zu trösten oder Ihnen Ratschläge zu erteilen etc. Wenn jemand einfach da ist, auch ohne etwas zu sagen, kann das den eigenen Schmerz sehr lindern.

Ich hoffe, Sie praktizieren Selbstempathie bei allem, was Sie erleben und fühlen, besonders einschließlich der angenehmen Dinge. Darum wenden wir uns nun einer sehr wichtigen Übung zu, die dazu dient, Erfreuliches wahr- und anzunehmen.

Erfolge und freudige Ereignisse feiern

Ich bin davon überzeugt, dass man kein schönes Leben führen kann, wenn man nicht in der Lage ist, **seine Erfolge, Freundschaften, Bindungen und Freuden zu feiern.** Ziel der folgenden Übung ist es, Ihre Nervenbahnen der Freude zu verstärken.

Wenn Sie sich Ihre Empfindungen in Momenten des Stolzes, der Freude und des Erfolgs tief einprägen, werden diese Sie in schwierigen Situationen unterstützen und stärken.

Eine Freundin, die vor einiger Zeit um eine Angehörige trauerte, war sehr unglücklich und sprach darüber oft mit den Menschen ihrer Umgebung. Dabei hatte sie sich allerdings eine inspirierende Reihenfolge angewöhnt: Sie begann damit, dass sie von schönen Momenten erzählte, die sie mit der Verstorbenen erlebt hatte, und freute sich daran; erst danach äußerte sie ihren Kummer. Und zum Abschluss kehrte sie wieder zu glücklichen Erinnerungen an die Freundin zurück.

Denken Sie an einen Ihrer Erfolge oder ein freudiges Erlebnis und notieren es:

_____

_____

_____

Nehmen Sie sich wirklich Zeit, das Ereignis noch einmal zu durchleben. Was fühlen Sie?

_____

_____

_____

Welche Ihrer Bedürfnisse sind erfüllt worden?

_____

_____

_____

Feiern Sie sie von ganzem Herzen.

_____

_____

_____

Wie fühlen Sie sich jetzt?

_____

_____

_____

Hier einige Lebensweisheiten, über die Sie meditieren können, falls es Ihnen im Moment (noch) nicht gelingt, sich mit freudigen Erlebnissen zu verbinden. Letzteres kommt vor, und sollte es bei Ihnen gerade der Fall sein, nehme ich Sie hiermit gern in mein mitfühlendes Herz auf.

*Meistens belehrt uns erst der Verlust
über den Wert der Dinge.*

ARTHUR SCHOPENHAUER

*Meine Leiden bilden den Nährboden
meines Wachstums.*

*Es steht mir frei, gute Miene zum
bösen Spiel zu machen.*

Zu guter Letzt:
sich dem Selbst zuwenden

Dieses Selbst, dieses **Ich,** das allen Menschen gemeinsam ist und in dem unsere wahren, tiefsten Gefühle und Gedanken aufkommen – was ist das eigentlich? Woraus besteht es? Um das herauszufinden, genügt es wiederum, in sich hineinzuhorchen und in das **Selbst,** die »**innere Giraffe**« einzutauchen.

Beginnen Sie damit, dass Sie denken oder sagen: »**Es ist mir bewusst, dass ...**«, und dann das ergänzen, was Sie momentan bewusst wahrnehmen.

....

Beispiel: Es ist mir bewusst, dass ein Teil von mir zornig, verzweifelt etc. ist.

....

Sagen Sie dann im nächsten Moment »**Es ist mir bewusst**«, aber diesmal, ohne den Satz zu ergänzen. Wesentlich ist hier, dass Sie sich auf das »**Es ist mir bewusst**« ausrichten und nicht auf das »zornig, verzweifelt ...«.

Gelassenheit finden wir im Selbstmitgefühl und auch darin, uns einfach »**Dem**« zuzuwenden, das alles weiß und umfasst. Und dieses Allumfassende ist unsere **innere Giraffe,** unser **Selbst,** unsere **Quelle.**

Dieses einfache **»Es ist mir bewusst«** nimmt sich Ihrer Traurig-keit, Ihrer Verzweiflung etc. an.

Ich bin »Das«, dem bewusst ist,
dass ich bewusst bin.

RUPERT SPIRA

VIEL GLÜCK AUF DEM WEG ZU IHREM GROSSARTIGEN SELBST!

Anmerkungen

1. Aus der Sicht der GFK ist ein Bedürfnis abstrakt, universal; daher wird es immer positiv formuliert und ohne andere Menschen mit einzubeziehen. Wir sollten also sagen: »Ich habe das Bedürfnis nach ...« statt »Ich habe das Bedürfnis, dass du ...«.

2. Um die Übersicht der von Marshall Rosenberg verwendeten Metaphern zu vervollständigen, sei hier noch das Konzept des »Schakals« genannt. Der Schakal wird von der GFK als Symbol für typisch menschliche Sichtweisen angesehen, die wir vor allem in der Welt des Denkens einnehmen, in der wir von unseren Emotionen, Empfindungen, Bestrebungen und mitunter sogar von unserer Handlungsfähigkeit abgeschnitten sind. In dieser Welt neigen wir dazu, die Dinge in binären Gegensatzpaaren (gut/schlecht, wahr/falsch ...) zu betrachten, zu bewerten oder einzuschätzen, wer recht oder unrecht hat, oder auch, was »getan werden sollte« oder nicht. Aufgrund solcher festgefügten binären Gedanken und auch wegen des kritischen Geistes, der aus diesen Gedanken erwächst, lebt der Schakal mit vielen Ängsten und Spannungen. Das wiederum treibt ihn dazu, entweder zu explodieren (= bellen!) oder zu implodieren (= sich in seine Höhle zurückzuziehen ...). In der GFK ist die gute Nachricht, dass der Schakal eine Giraffe ist, die nichts von sich weiß, weil sie von ihren Gefühlen und Bedürfnissen abgeschnitten ist.

Bibliografie

Earley, Jay: *Meine innere Welt verstehen: Selbsttherapie mit
    Persönlichkeitsanteilen.* Mit einem Vorwort von Richard C.
    Schwartz, Begründer der IFS-Therapie, München: Kösel 2014.
Schwartz, Richard C.: *IFS – Das System der inneren Familie. Ein
    Weg zu mehr Selbstführung,* hrsg. von IFSSM Europe e. V.,
    Norderstedt: BoD 2008.
Schwartz, Richard C.: *Systemische Therapie mit der inneren
    Familie (Leben lernen),* Stuttgart: Klett-Cotta 2016.

GEFÜHLE, DIE WIR HABEN, WENN UNSERE BEDÜRFNISSE BEFRIEDIGT SIND

abenteuerlustig, amüsiert, angeregt, aufgemuntert, ausgeglichen, befreit, befriedigt, begeistert, bewegt, bezaubert, dankbar, draufgängerisch, dynamisch, elektrisiert, empfänglich, empfindsam, energiegeladen, engagiert, enthusiastisch, entlastet, entschieden, entspannt, erfreut, erholt, erleichtert, erstaunt, fasziniert, frei, freudig, friedfertig, frisch, frohgemut, fröhlich, gebannt, geborgen, gelassen, gelöst, genährt, gerührt, geruhsam, geschützt, glücklich, gut drauf, harmonisch, heiter, hin und weg, hingerissen, hoffnungsvoll, in Sicherheit, inspiriert, interessiert, jemandem nah, konzentriert, lebendig, leicht, leidenschaftlich, locker, mitfühlend, mitgerissen, motiviert, munter, mutig, neu belebt, neugierig, offen, optimistisch, regeneriert, ruhig, sanft, satt, schelmisch, selbstbewusst, sensibilisiert, sicher, sorglos, sprühend, stark, stimuliert, stolz, strahlend, tief berührt, überschäumend, übersprudelnd, ungezwungen, vergnügt, voller Bewunderung, voller Liebe, vom Hocker gehauen, wach, warmherzig, weit und offen, wohlbehalten, wunschlos glücklich, zentriert, zufrieden, zugehörig, zuversichtlich.

GEFÜHLE, DIE WIR HABEN, WENN UNSERE BEDÜRFNISSE NICHT BEFRIEDIGT SIND

allein, am Ende, angeekelt, angeschlagen, angespannt, angstvoll, apathisch, argwöhnisch, aufgewühlt, aus dem Gleichgewicht, aus der Fassung, außer sich, bedrängt, bedrückt, bekümmert, beschämt, besorgt, betroffen, betrübt, beunruhigt, blockiert, brummig, dem Zusammenbruch nahe, deprimiert, desorientiert, distanziert, durcheinander, durstig, einsam, eisig, entfremdet, entmutigt, enttäuscht, ernüchtert, erschöpft, erschreckt, erschüttert, fassungslos, frustriert, furchtsam, gekränkt, gelangweilt, genervt, gequält, gereizt, gestresst, gleichgültig, hektisch, hilflos, hin- und hergerissen, hoffnungslos, hungrig, in der Defensive, irritiert, konfus, konsterniert, kopflos, kummervoll, leer, matt, melancholisch, misstrauisch, mitgenommen, müde, mürrisch, mutlos, nervös, niedergeschlagen, ohne Elan, ohnmächtig, peinlich berührt, pessimistisch, ratlos, resigniert, ruhelos, schläfrig, schockiert, schwach, skeptisch, traurig, trübe, überanstrengt, überfordert, übersättigt, überwältigt, unbefriedigt, unbehaglich, unentschieden, ungeduldig, unglücklich, unruhig, unsicher, unwohl, unzufrieden, verängstigt, verärgert, verbittert, verdattert, verdrossen, verkrampft, verlegen, verletzt, verloren, verstimmt, verstört, verunsichert, verwirrt, verzweifelt, voller Vorbehalte, wie vor den Kopf geschlagen, wirr, wütend, zerbrechlich, zermürbt, zerrissen, zögerlich, zornig, zweifelnd, zwiespältig.

BEGRIFFE, DIE VERMIEDEN WERDEN SOLLTEN

Sie verbinden ein Gefühl mit einem Urteil über andere oder über sich selbst:

abgelehnt, abgewertet, angefeindet, angegriffen, ausgebeutet, bedrängt, bedroht, beiseitegeschoben, belagert, belästigt, beleidigt, benutzt, beschmutzt, beschuldigt, besiegt, betrogen, blöd, dominiert, dumm, durcheinander, eine Niete, eingesperrt, erbärmlich, erniedrigt, erwischt, fallen gelassen, gedemütigt, gefangen, gehasst, genötigt, gerügt, gezwungen, herabgesetzt, hereingelegt, ignoriert, in die Enge getrieben, in Verruf gebracht, inkompetent, isoliert, jämmerlich, kleingemacht, kritisiert, lächerlich gemacht, manipuliert, missbraucht, nicht akzeptiert, nicht gehört, provoziert, schäbig, schlecht behandelt, schuldig, traktiert, übers Ohr gehauen, übersehen, unerwünscht, unfähig, ungeliebt, unter Druck gesetzt, unterdrückt, unverstanden, unwichtig, unwürdig, verachtet, verfolgt, verlassen, verletzt, verleumdet, vernachlässigt, verspottet, verstoßen, wertlos, zum Narren gehalten, zweitklassig.

EINIGE GRUNDBEDÜRFNISSE

Subsistenz (Selbsterhalt): Atmen, Trinken, Essen …
Sicherheit: emotionale und materielle, Halt und Geborgenheit, Unterstützung, Fürsorge …
Freiheit: Autonomie, Unabhängigkeit, Spontaneität, Wahlfreiheit in Bezug auf die eigenen Träume, Werte, Ziele …
Hobbys: Spaß, Spiel …
Identität: Einklang mit den eigenen Werten, Selbstbehauptung, Zugehörigkeit, Authentizität, Selbstvertrauen, sich selbst und andere respektieren und achten, Weiterentwicklung, Integrität …
Teilhabe/Partizipation: Zusammenarbeit, Verständigung, Verbundenheit, sich äußern können, wechselseitige Abhängigkeit, zum Wohlbefinden und zur Entfaltung anderer und seiner selbst, seines Lebens beitragen …
Beziehungen: Akzeptanz, Zugehörigkeit, Aufmerksamkeit, Gemeinschaft, Gesellschaft, menschliche Wärme, Ehrlichkeit, Aufrichtigkeit, Respekt, Zärtlichkeit, Vertrauen, Kommunikation, Harmonie, Trost …

Selbstverwirklichung: Selbstausdruck, Entwicklung, Lernen, Realisieren des eigenen Potenzials, Kreativität ...

Sinn: Klarheit, Verständnis, Einsicht, Orientierung, Bedeutung, Transzendenz, Einheit, Sinnhaftigkeit ...

Das Leben zelebrieren: Zu schätzen wissen und genießen, Teilen von Freude und Leid, Rituale, Dankbarkeit ...

Spiritualität: Schönheit, Inspiration, innerer Frieden, Transzendenz ...

Anne van Stappen

SELBSTLIEBE

Das eigene Wohlbefinden allem voranzustellen ist keineswegs egoistisch. Denn wer immer nur an andere denkt, bleibt irgendwann auf der Strecke. Deshalb sollte ab sofort gelten: Gönnen Sie sich öfter etwas, gehen Sie liebevoll mit sich um, planen Sie mehr Zeit für sich ein und verbinden Sie sich mit dem, was Sie gerne hätten.

- › Gehe ich liebevoll und einfühlsam mit mir um?
- › Was werden die anderen von mir denken, wenn ich mich um mich selbst kümmere?
- › Werden sie mir das übel nehmen?
- › Macht mich das zu einem Egoisten?
- › Gehe ich genug auf andere ein?
- › Ist es nicht besser, großzügig zu sein und nicht an sich selbst zu denken?
- › Gibt es eine Form des »guten Egoismus«?
- › Wie weit darf ich in der Fürsorge und Liebe zu mir selbst gehen? Wo ist die Grenze?

Wir alle stellen uns solche Fragen. Ich hoffe, dieses Buch hilft Ihnen, Antworten zu finden.
Viel Glück auf Ihrem Weg zum liebevollen und guten Umgang mit sich selbst!

Selbstliebe – was bedeutet das eigentlich?

- › Es bedeutet, so für uns Sorge zu tragen, dass es uns gut geht. Das wiederum führt von ganz allein dazu, dass wir anderen viel zu geben haben und es auch bereitwillig und gern tun.
- › Es bedeutet, so zu leben, dass wir glücklich, im Frieden und im Einklang mit unseren Werten, Träumen und Bestrebungen sind – ohne dass es auf Kosten anderer geht!

Die Kunst, gut zu sich zu sein, umfasst fünf Fähigkeiten, nämlich:

1. **Dass wir uns selbst achtsam wahrnehmen ...**
   - » unseren Körper,
   - » unsere Gefühle und Bedürfnisse.

2. **Dass wir den Mut haben, an uns zu denken –**
   auch dann, wenn es anderen nicht gefällt –, indem wir ...
   - » gut für uns sorgen,
   - » uns selbst Freude bereiten,
   - » auf unsere Grenzen achten (beim Geben),
   - » unterscheiden können, was gut für uns ist und was uns schadet.

3. **Dass wir einen mitmenschlichen Dialog pflegen, indem wir ...**
   - » uns selbst aufrichtig und bestimmt anderen mitteilen (dem, was uns bewegt, Ausdruck verleihen, ohne andere anzugreifen, zu verurteilen oder zu kritisieren),
   - » dem anderen einfühlend und respektvoll zuhören und auf ihn eingehen (uns bemühen, unser Gegenüber zu verstehen, und bestrebt sind, dass er oder sie sich verstanden fühlt, ungeachtet der Art und Weise, wie die betreffende Person sich ausdrückt),
   - » unsere Dankbarkeit ausdrücken oder uns (bei uns selbst) bedanken können.

4. Dass wir ein Leben kreieren, das mit unserem tiefsten Innern im Einklang ist, indem wir ...

» in uns hineinhorchen, um uns besser zu erkennen (Selbstempathie),

» auf unsere Träume zugehen.

5. Dass wir unseren Geist disziplinieren, indem wir ...

» uns von Bewertungen lösen und sie in Gefühle/ Bedürfnisse verwandeln (»das, was ich dir vorwerfe« umwandeln in »das, was ich gerne hätte«),

» die Schönheit jedes Augenblicks bestmöglich erkennen und genießen.

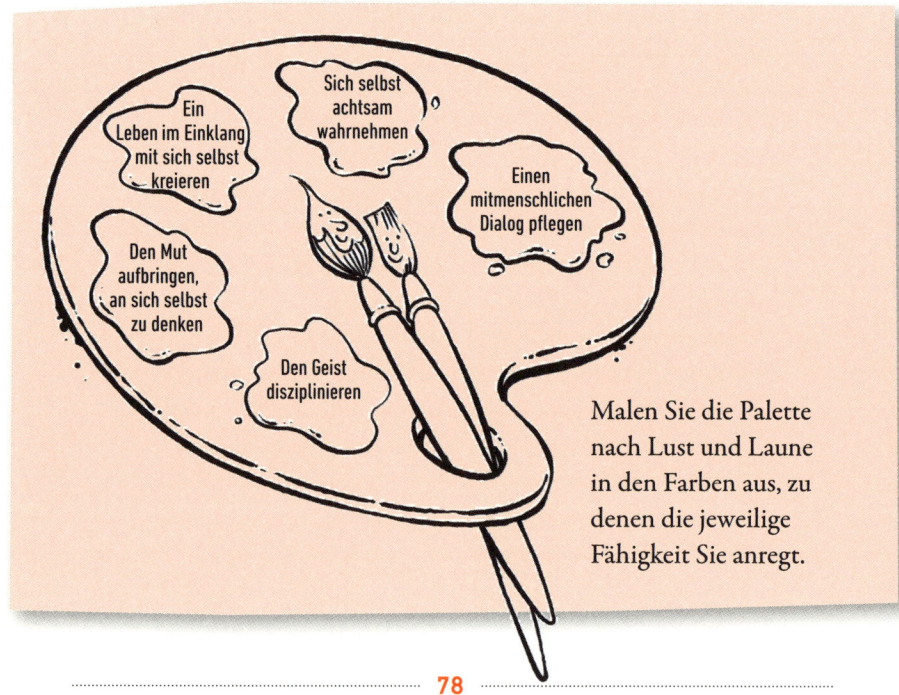

Malen Sie die Palette nach Lust und Laune in den Farben aus, zu denen die jeweilige Fähigkeit Sie anregt.

Sich selbst wahrnehmen

»*Es gibt eine Form des Egoismus, die so nährend für uns ist, dass wir dadurch anderen viel zu geben haben.*«

MARSHALL ROSENBERG

Seien wir einmal bio-logisch (»bios« heißt »Leben« auf Griechisch) ... und respektieren wir die Logik des Lebens! Sorgen wir erst für uns, bevor wir auf die Idee kommen, uns um andere zu kümmern! Es heißt zwar: »Liebe deinen Nächsten wie dich selbst«, aber viele Menschen haben »wie dich selbst« vergessen und verhalten sich eher wie Roboter.

Kommt es vor, dass Sie wie ein Roboter funktionieren (ich denke, ich handle)?

Wann? _____

In welchen Situationen? _____

Mit wem? _____

Wirkt sich das günstig auf Ihr inneres Gleichgewicht aus? ____

_____

**Oder funktionieren Sie wie ein ganzer Mensch
(ich denke, ich fühle, ich hätte gerne, ich handle)?**

Wann? _____

In welchen Situationen? _____

Mit wem? _____

**Wenn Sie Ihre Antworten einmal betrachten, woran
möchten Sie gerne arbeiten?**

_____

_____

_____

SELBSTWAHRNEHMUNG BEDEUTET
ZU LERNEN, »IN SEINEM KÖRPER« ZU SEIN
UND SEINE GEFÜHLE ZU SPÜREN.

Seinen Körper wahrnehmen

Wir achten so wenig auf unseren Körper, dass wir uns häufig erst um ihn kümmern, wenn er uns Leiden verursacht – und dann ist es manchmal zu spät ...

Wenn wir uns auf unseren Körper konzentrieren, entsteht in uns ein Raum der Verbundenheit mit uns selbst, der Ruhe. Und genau das ermöglicht »das wahre Leben« – nämlich »das gelebte, nicht das gedachte Leben« (David Komsi)!

Aber warum sollen wir denn überhaupt den Körper bewusst wahrnehmen?

Deswegen:

› **Durch die Verbundenheit mit unserem Körper sind wir wie ein Baum, der fest im Boden verwurzelt ist.**
› **Wenn wir uns dessen bewusst sind, was in uns vorgeht, sind wir lebendiger, wacher und können wirklich für die Außenwelt verfügbar sein – oder rechtzeitig bemerken, dass wir es nicht sind.**
› **Wenn wir mehr »bei uns« sind als »im Geschehen«, gewinnen wir Abstand. Dieser Abstand schützt uns und unsere Beziehungen, indem er unsere Neigung zu automatischen emotionalen Reaktionen verringert.**

Zählen Sie Situationen auf, in denen Sie vergessen zu beachten,
was Ihr Körper spürt:

_____

_____

_____

Wie fühlen Sie sich danach?

_____

_____

_____

In welchen Situationen kümmern Sie sich gut um Ihren Körper?

_____

_____

_____

Wie fühlen Sie sich danach?

_____

_____

_____

Hier zwei ganz einfache Übungen, wie Sie sich selbst und Ihren Körper achtsam wahrnehmen können:

Nehmen Sie Verbindung mit einem Teil Ihres Körpers auf und halten Sie diese Verbindung bewusst aufrecht
Spüren Sie Ihre Hände, wie sie sich berühren, den Kontakt Ihrer Füße mit dem Boden oder des Rückens mit der Lehne. Oder richten Sie Ihre Aufmerksamkeit einfach auf eine Hand.
Nehmen Sie wahr, ob sie warm oder kalt ist, ob sie eingeschlafen ist, kribbelt etc.
Oder spüren Sie, wie die Luft in die Lunge hinein- und wieder aus ihr herausströmt.

Richten Sie Ihre Aufmerksamkeit zwei Minuten lang auf die Empfindung, die Sie erkunden wollen. Bleiben Sie bewusst ganz bei sich und spüren Sie, wie die Übung auf Ihren Körper wirkt. Stellt sich ein Gefühl der Entspannung ein?

Wenn Sie diese Übung täglich machen, werden Sie ihre vielfältigen positiven Auswirkungen entdecken: Sie erinnert Sie daran, dass Sie einen Körper haben, und ermöglicht außerdem, dass Sie sich beim Austausch mit einem anderen Menschen nicht in der Beziehung zu ihm verlieren, sondern mit sich selbst in Kontakt bleiben.

ZENTRIEREN SIE SICH 3 MINUTEN

Setzen Sie sich bequem hin, schließen Sie die Augen und fragen Sie sich:

Wie fühle ich mich in meinem Körper? Was ist angespannt, entspannt, bequem, unangenehm?

_____

_____

_____

Wie fühle ich mich im Innern meines Herzens? Bin ich traurig, fröhlich, zornig, mutlos, begeistert ...

_____

_____

_____

Was für Gedanken sind in diesem Moment vorherrschend?

_____

_____

_____

Es geht nicht darum, etwas zu verändern. Spüren Sie einfach nur ganz bewusst, was in Ihnen vorgeht.

Wenn Sie zu Beginn dieser Übung nicht erkennen, welche Stellen Ihres Körpers angespannt bzw. entspannt sind, bewegen Sie ein klein wenig den Teil des Körpers, den Sie spüren möchten. So wird Ihnen der Zustand der betreffenden Stelle bewusster.

Die zweite Übung zielt darauf ab,

› **dass wir unsere Energie zum gegenwärtigen Moment zurückbringen. Häufig steckt unsere Aufmerksamkeit in der Vergangenheit fest oder wird schon von der Zukunft in Beschlag genommen;**

› **dass wir »in unserem Körper« sind und nicht geistig »neben uns stehen«, »weggetreten« sind oder abdriften;**

› **dass uns bewusst wird, was in uns vorgeht, körperlich und emotional;**

› **dass wir uns zentrieren (z. B. vor einer schwierigen Unterredung);**

› **dass wir uns regenerieren (Selbstwahrnehmung verbessert die Gesundheit und stärkt die Abwehrkraft).**

ZIEHEN SIE BILANZ, INDEM SIE FOLGENDE SÄTZE BEENDEN:

Mich selbst wahrnehmen ist leicht, wenn ...

_____

_____

Es ist schwierig, wenn ...

_____

_____

Es wird am schwierigsten, wenn ...

_____

_____

Es ist essenziell, wenn ...

_____

_____

Ich nehme mir vor, mich in der kommenden Woche achtsam wahrzunehmen, wenn …

_____

_____

Was mir dabei helfen wird, ist …

_____

_____

....

Nehmen Sie ein DIN-A4-Blatt, schneiden Sie, falls es Sie inspiriert, ein Herz aus, verzieren Sie es und schreiben Sie hinein, auf welche Weise Sie Selbstwahrnehmung entwickeln wollen:

Diese Woche beschließe ich, mich selbst bewusst wahrzunehmen, wenn …

> **Situation:**
> **Moment:**
> **Art und Weise:**

Hängen Sie das Blatt irgendwo auf, wo Sie es häufig sehen!

....

Betrachten Sie sich wohlwollend im Spiegel, zeichnen Sie Ihr Gesicht auf diese Seite und malen Sie es aus.
DENKEN SIE DABEI DARAN, SICH SELBST ACHTSAM WAHRZUNEHMEN!

Was geht beim Zeichnen in Ihnen vor?

Eigene Gefühle und Bedürfnisse wahrnehmen (oder: die Selbstempathie)

»Einen Augenblick ›präsent‹ sein für sich selbst wiegt hundert gute Taten auf.«

ANONYM

Selbstempathie oder uns in uns einfühlen bedeutet, wir nehmen uns einen Moment Zeit, in uns hineinzuhorchen, um zu spüren und anzunehmen, was in uns vorgeht. Zwei Fragen sind hilfreich, um eine Verbindung zu sich aufzubauen:

› **Wie fühle ich mich?**
› **Wonach strebe ich, was will ich in dieser Situation?**

Es ist wichtig, sich dessen bewusst zu sein, was man gerade durchlebt. Das gilt besonders für schwierige Situationen, denn:

› **Selbst wenn Sie in einer Situation nichts ausrichten können, verringert sich die Anspannung schon allein dadurch, dass Sie Ihren Gemütszustand in Worte fassen.**
› **Wenn Sie sich die Zeit nehmen, Ihre Gefühle zu erkennen und sich zu fragen, was Sie gern möchten, welche »Bedürfnisse« Sie haben, erhalten Sie mehr Klarheit darüber, was Sie tun oder worum Sie bitten können, um die Bedürfnisse zu befriedigen.**

Das Wort **Bedürfnis** hat häufig eine negative Konnotation, denn unausgesprochen schwingt darin die Vorstellung eines Mangels oder der Gier nach etwas mit. Hier bezeichnet es dagegen das, was für einen Menschen zählt, was für ihn wichtig ist: wie seine Ziele, seine Werte, seine Träume.

Der Begriff umfasst gleichzeitig **körperliche Grundbedürfnisse,** wie Essen, Trinken und Schlafen, **Bedürfnisse nach Sicherheit,** wie ein Dach über dem Kopf, eine Familie und einen Beruf zu haben, und **Bedürfnisse nach persönlicher Entfaltung,** wie sich selbst zu verwirklichen und etwas zum Leben beizutragen. In unserer Betrachtungsweise ist ein Bedürfnis etwas Tiefgehendes, es ist lebenswichtig und zielt auf Beruhigung, Linderung ab. Bedürfnisse sind universell, wichtig und werden als etwas Positives dargestellt.

Wurde beispielsweise jemand angegriffen und sagt nun: »Ich muss mich rächen«, dann ist das kein Bedürfnis, denn eine solche Ausdrucksweise ist nicht lebensbejahend; sie würde Leid eher schüren, statt es zu lindern. Eine dem Leben nähere Formulierung wäre demnach: »Ich habe das Bedürfnis nach einer Wiedergutmachung oder möchte beruhigt sein, dass aus dem Geschehenen eine Lehre gezogen werden kann.«

Achtung, Bedürfnisse sollten nicht mit Wünschen verwechselt werden! Ich kann z. B. das **Bedürfnis** haben, mich zu entspannen, und den **Wunsch,** eine Zigarette zu rauchen. Ein Wunsch ist nur eine von mehreren Arten, ein Bedürfnis zu befriedigen. Vielleicht erfülle ich mit einer Zigarette mein Bedürfnis nach Verbundenheit mit mir selbst oder danach, mir eine Freude zu gönnen? Zum Überleben brauche ich aber keine Zigaretten – ganz im Gegenteil!

Zum anderen: Wenn ich mein Leben konsequenter führen will, ist es sinnvoll, dass ich meine tiefen Bedürfnisse kenne und sie direkt befriedige, statt mich auf den Ersatz für die Bedürfnisse zu beziehen. Um mir das zu verdeutlichen, brauche ich mir nur mehrmals folgende Frage zu stellen:

Wenn ich das tue, was ich tue, oder erlebe, was ich erlebe, welches Bedürfnis wird dadurch befriedigt?

Z. B.: »Wenn ich eine Zigarette rauche, welches Bedürfnis befriedigt das?«

Angenommen, die Antwort lautete: »Es erfüllt ein Bedürfnis nach Entspannung, nach Verbundenheit mit mir und das Bedürfnis, mir eine Freude zu machen.«

Dann kann ich mich anschließend fragen: »Wenn ich mir diese Entspannung, diese Verbundenheit mit mir und diese Freude gönne, welches Bedürfnis wird damit erfüllt?«

Nehmen wir an, die Antwort lautet: »Das gibt mir die nötige Energie, um meinem Tagesablauf gewachsen zu sein.«

Dann kann ich mir erneut die Frage stellen: »Wenn ich die nötige Energie habe, um meinen Tag zu bewältigen, welches Bedürfnis befriedigt das?«

Angenommen, die Antwort wäre: »Ich handle, ich erfülle meine täglichen Aufgaben, ich habe Schwung.«

Dann habe ich die Wahl zwischen zwei Fragen, wie ich meinen Tagesablauf besser bewältigen kann:

»Führt meine Entscheidung zu rauchen dazu, dass ich langfristig zufrieden bin?«

»Gibt es andere Strategien, andere Mittel als die Zigarette, die mir helfen könnten, mich zu entspannen, mit mir selbst in Verbindung zu treten und die nötige Energie zu finden, um meine täglichen Aufgaben zu erfüllen?«

Selbstempathie ist eine Form des »guten Egoismus«!

Geht etwas schief und wir nehmen uns die Zeit, in uns hineinzuhorchen, dann macht es früher oder später »klick«, eine Klarheit stellt sich ein, und wir entspannen uns. Danach haben wir wieder mehr Energie.

Stellen Sie sich z. B. einen Tag bei der Arbeit vor, an dem nicht genügend Mitarbeiter im Unternehmen sind. Sie sind überlastet. Sie könnten sich nun über die abwesenden Kollegen aufregen, was zu Spannungen führt und Ihnen Energie raubt. So laufen Sie aber Gefahr, sich selbst zu verurteilen. Oder aber Sie können sich entscheiden, das, was Sie erleben, zu beobachten und anzunehmen, bis Sie ein Gefühl der Erleichterung spüren.

Und das könnte dabei herauskommen:

»Bin ich entnervt? Müde? Habe ich das Bedürfnis nach Solidarität und Verständnis wegen der Berge an Arbeit, die ich erledigen muss? Wie gern würde ich in einem humaneren Tempo arbeiten. Ich kann nicht mehr! Ich möchte mit meinen Kollegen darüber sprechen, damit wir möglichst schnell eine Lösung finden. Gleich morgen setze ich mich mit ihnen zusammen, auf jeden Fall!«

Schwierigkeiten, die sich ergeben können, oder: Selbstliebe ist manchmal gar nicht so leicht!

Häufig haben wir mehrere Gefühle und Bedürfnisse gleichzeitig. Mehrere Gefühle wahr- und anzunehmen und zu kanalisieren verbraucht natürlich Energie, und auch der Umgang mit verschiedenen Bedürfnissen kostet Zeit, denn bisweilen können sie sogar gegensätzlich sein. In solch einem Fall ist es gut, ALLE Gefühle anzunehmen, denn sobald wir ein Gefühl vollständig »gehört« haben, wandelt es sich, und das führt zur Beruhigung. Dementsprechend ist es auch gut, dass wir ALLE unsere Bedürfnisse erkennen und klären, um diejenigen zu finden, die Vorrang haben.

So stellt vielleicht ein älterer Mann mit Höhenangst fest, dass einige Ziegel auf dem Dach seines Hauses verrutscht sind. Unschlüssig überlegt er, ob er hinaufsteigen soll, um sie zu ersetzen: Er ist hin- und hergerissen zwischen dem Bedürfnis, das Haus instand zu halten, und dem Bedürfnis nach körperlicher Sicherheit. Es ist wichtig, dass er alle Facetten dessen, was er durchlebt, »erspürt«, bevor er handelt, denn wenn er auf eine Leiter steigt und dabei seine Angst und sein Bedürfnis nach Sicherheit leugnet, besteht die Gefahr, dass er sich ungeschickt anstellt und fällt. Und wenn er nur seinem Bedürfnis nach Sicherheit folgt, verfällt das Haus. Indem er sich die Zeit nimmt, alle seine Bedürfnisse achtsam wahrzunehmen, kann er eine Lösung finden, die die Gesamtheit der Prioritäten berücksichtigt.

Malen Sie Gesichter, die unterschiedliche Emotionen zeigen, wie:

traurig   schlecht gelaunt

zornig/ärgerlich   in Rage

vergnügt   zweifelnd

erschreckt   müde

Apropos Gefühle oder: Ein Gefühl – was ist das eigentlich? Unsere Gefühle könnte man mit den Kontrollleuchten auf dem Armaturenbrett eines Autos vergleichen:

Das Aufleuchten der Ölanzeige ist ein Zeichen dafür, dass das Auto Öl braucht. Ebenso sind unsere Empfindungen Hinweise auf unsere Bedürfnisse.

So fällt ein Gefühl nicht vom Himmel: Es wird von unseren Bedürfnissen hervorgebracht.

Wenn sich ein Gefühl bemerkbar macht, in dem etwas Negatives mitschwingt, bedeutet das, man hat ein nicht befriedigtes Bedürfnis – oder mehrere. Schreibt Ihr Kind z. B. eine Fünf in Mathematik, sind Sie beunruhigt, weil Ihr Bedürfnis nach Sicherheit in Bezug auf seine erfolgreiche Schullaufbahn nicht erfüllt ist.

Ein Gefühl angenehmer Art weist dagegen darauf hin, dass eines oder mehrere der Bedürfnisse, die wir hatten, befriedigt wurden. So sind Sie z. B. zufrieden, wenn man Sie unter 200 Bewerbern für eine Stelle, die Sie unbedingt haben wollten, ausgewählt hat, weil dadurch Ihr Bedürfnis nach Wertschätzung und das nach beruflicher Verwirklichung befriedigt worden sind.

Achtung! Manche Worte werden zwar im Sinne eines Gefühls verwendet, aber wir sollten sie dennoch vermeiden, denn in ihnen ist ein Urteil über uns selbst oder andere enthalten! Es sind Äußerungen wie: »Ich fühle mich betrogen, vernachlässigt, unverstanden, inkompetent, unfähig ...«

Da diese Worte andere oder uns selbst bewerten, werden sie entweder zu einer potenziellen Konfliktquelle (Bewertung anderer) oder sie entmutigen uns (Bewertung unserer selbst). So rauben sie uns die Möglichkeit, Einfluss zu nehmen: Entweder erleben wir uns als Opfer des anderen oder wir nehmen uns den Mut, indem wir uns selbst herabsetzen. Wir verlieren durch solche Worte auch Energie, denn ihre Verwendung entspringt einer reaktiven, nicht einer kreativen Haltung.

Selbstempathie oder das einfühlende Wahrnehmen unserer Empfindungen und Bedürfnisse ist ein idealer Weg zu Nächstenliebe und Selbstrespekt, denn:

› Die Aufmerksamkeit, die ich mir selbst widme, baut mich so sehr auf, dass ich mich anderen ganz natürlich zuwende.
› Was ich bei mir selbst wahrgenommen und verstanden habe, kann ich auch bei anderen wahrnehmen und annehmen.
› Es besteht die Gefahr, dass ich das, was ich an mir nicht wahr- und angenommen habe, auf andere projiziere und ihnen meine eigenen Schwächen zuschreibe.
› Wenn ich nicht gut für mich Sorge trage, geht es mir früher oder später schlecht!
› Wenn ich mir keine Augenblicke der Selbstempathie gönne, besteht die Gefahr, dass ich zu Rauschmitteln (Tabak, Alkohol etc.) greife, Essstörungen (Bulimie/Ess-Brech-Sucht) entwickle oder jemand anderen dafür verantwortlich mache, dass es mir schlecht geht.

Was lösen diese Bemerkungen in Ihnen aus?

_____

_____

_____

_____

Schreiben Sie zwei Bemerkungen, die Sie besonders ansprechen, in den Rahmen unten und verzieren Sie sie nach Belieben.

Selbstempathie-Übung
(Nehmen Sie die Wörterlisten von Seite 140 zu Hilfe).

Denken Sie an eine unangenehme Situation, die Sie vor Kurzem erlebt haben, und führen Sie folgende Schritte aus:
> **Beobachtung:** Beschreiben Sie die Situation neutral.
> **Gefühle:** Erkunden Sie Ihre Gefühle in Bezug auf die Fakten.
> **Bedürfnisse:** Ermitteln Sie Ihre nicht befriedigten Bedürfnisse.
> **Bitte:** Finden Sie heraus, was Sie unternehmen können, um allmählich mehr auf Ihre Bedürfnisse eingehen zu können.

»Wenn ich an ... denke,
dann fühle ich mich ...,
weil ich ... brauche (brauchte).
Und jetzt werde ich ... beschließe ich, ...

Z. B.: »Als er einer dritten Person gesagt hat, ich sei inkompetent, fühlte ich mich frustriert und machtlos, weil ich Offenheit und Raum brauche, um mich auszudrücken. Und jetzt möchte ich ihm gern vorschlagen, sich einen Moment Zeit zu nehmen, um darüber zu sprechen.«

Schaffen Sie sich ein Tagebuch an, verzieren Sie es und nutzen Sie Ihre Einträge zum Üben von Selbstempathie. Das regelmäßige Üben von Selbstempathie baut die Muskeln der Fähigkeit auf, zu erkennen, was in Ihrem Innern vorgeht.

EIN ÄRZTLICHES REZEPT FÜR EINE GUTE GESUNDHEIT
KÖNNTE SO AUSSEHEN:

Haben Sie den Mut, an sich zu denken – auch wenn es anderen nicht gefällt!

SORGEN SIE GUT FÜR SICH SELBST!

Vor allem sollten Sie ...

› regelmäßig Ihren körperlichen Zustand scannen und ihm Rechnung tragen. Das heißt, Sie kümmern sich darum, wie es Ihrem Körper geht. Siehe »Seinen Körper wahrnehmen« (Seite 81)

› all Ihre Gefühle und Bedürfnisse sondieren und spüren und anschließend im Sinn Ihrer Grundbedürfnisse handeln. Siehe »Eigene Gefühle und Bedürfnisse wahrnehmen« (Seite 89)

› Gespräche führen, den Kontakt zu anderen suchen, sich ihnen anvertrauen, denn: »Geteilte Freude ist doppelte Freude, geteiltes Leid ist halbes Leid.«

› sich einen Moment lang Zeit nehmen, um wieder zu sich zu kommen, Augenblicke des Nach-innen-gewandt-Seins und des Alleinseins suchen. Z. B., sich regelmäßig allein an einen Ort zurückziehen, an dem Sie sich wohlfühlen, oder in der Natur spazieren gehen, damit Ihr Geist zur Ruhe kommt. Nach und nach – jeden Tag ein bisschen mehr – weicht Ihre geistige Rastlosigkeit der Ruhe, und der Rhythmus Ihrer Gehirnaktivität wird langsamer. Natürlich kann es eine Zeit lang dauern, bis Raum zwischen zwei

Gedanken entsteht, doch wie bei allem, was man lernt, werden sich mit zunehmender Übung auch Erfolge einstellen. Der innere Frieden macht es möglich, dass sich Ihre Kreativität und Ihr Herz entfalten.

› für Ihre Kindheitsverletzungen Sorge tragen. Jeder Mensch, ob es ihm bewusst ist oder nicht, macht schwierige oder traumatische Erfahrungen. Deswegen ist es mitunter gut, wenn Sie sich der Vergangenheit zuwenden und herausfinden, was Sie damals verletzt hat, um die Teile von sich, die es nötig haben, heilen zu können.

Das Versorgen der Wunden kann verschiedene Formen annehmen: Die Menschen auf Ihrem Weg können sich Ihnen liebevoll zuwenden, speziell dafür ausgebildete Therapeuten können Ihnen zuhören, Sie können persönliche Berichte von Menschen, die ähnlich traumatische Erlebnisse hatten, lesen usw.

Was zählt, ist, dass Sie bei allem stets im Sinn behalten:

»DADURCH, DASS WIR LEIDVOLLE EMOTIONEN VOLLSTÄNDIG ANNEHMEN, WERDEN SIE UMGEWANDELT.«

Dagegen:

»DAS, WOGEGEN WIR UNS WEHREN, BLEIBT BESTEHEN.«

Malen Sie den ersten Gedanken mit einer fröhlichen und den zweiten mit einer traurigen Farbe aus. Meditieren Sie anschließend darüber.

Bereiten Sie sich selbst Freude

Das bedeutet: Sie nehmen sich die Zeit zu leben, zu atmen, in Bewegung zu sein, für Spiel, Spaß und Entspannung etc. – in dem Bewusstsein, dass Sie durch den Mut, an sich selbst zu denken, unter Umständen Enttäuschung bei Ihrer Umgebung auslösen. Natürlich sind wir weniger verfügbar, doch das »ist o. k.«, solange es nicht auf Kosten anderer geht.

Einige Zeichen für gute Selbstfürsorge:
Lebensfreude
Entfaltung
Begeisterung
dynamische Tatkraft
zum Wohlergehen anderer beitragen wollen
innerer Frieden
offen sein für das Leben
sprudelnde Kreativität
wachsende Lebensenergie
usw.

Wann besteht die Gefahr, dass »gute Selbstfürsorge« abgleitet in »schlechte Selbstfürsorge«?

› Wenn man so selbstbezogen ist, dass man andere nicht mehr sieht und an vielen schönen Dingen auf diesem Planeten achtlos vorbeigeht.

› Wenn man dem Befriedigen kurzfristiger Bedürfnisse Vorrang gibt, ohne dabei wirklich bedacht zu haben, welche Bedeutung diese Bedürfnisse langfristig haben. Z. B., wenn ich stundenlang vor dem Fernseher sitze und darüber vergesse, für mein Studium zu lernen. In diesem Fall gebe ich meinen kurzfristigen Bedürfnissen (Entspannung, Zerstreuung) den Vorrang, vernachlässige aber die lang-fristigen: mir alle Erfolgschancen offenzuhalten und mit einem Diplom die Möglichkeit zu haben, mir später den Beruf aussuchen zu können, den ich am liebsten ergreifen möchte.

› Wenn man handelt, ohne bewusst auf sich selbst, die anderen oder das, was man tut, zu achten. Z. B., wenn ich das ganze Wasser im Haus verbrauche und nicht an diejeni-gen denke, die sich nach mir noch waschen wollen.

› Wenn man seinen »oberflächlichen« Bedürfnissen Vorrang gibt und die tiefen Bedürfnisse vernachlässigt. Z. B. ant-worte ich jemandem, der mich um etwas bittet, »Ja«, obwohl ich gerne den Mut hätte, ich selbst zu sein und »Nein« zu sagen.

› Wenn man Schuldgefühle hat, weil man sich Zeit für sich selbst nimmt.

Schreiben Sie drei Beispiele auf, wie Sie gut für sich selbst Sorge tragen:

_____

_____

_____

Wie fühlen Sie sich, wenn Sie diese Liste erstellen?

Schreiben Sie drei Aktivitäten auf, die Ihnen Spaß machen:

_____

_____

_____

Schaden sie Ihnen langfristig?

Finden Sie, dass die Häufigkeit dieser Aktivitäten in Ihrem Leben angemessen ist?

Wenn Sie beschließen würden, an dieser Häufigkeit etwas zu ändern, welche Konsequenzen hätte das für Sie und Ihre Umgebung? Schreiben Sie die Folgen auf:

_____

_____

_____

_____

Wie fühlen Sie sich jetzt, da Sie diese Entscheidung getroffen haben?

_____

_____

_____

_____

Schließen Sie jetzt Ihr Heft und beschäftigen Sie sich fünf Minuten lang mit etwas, das Sie gern tun.

Achten Sie auf Ihre Grenzen

Welche Grenzen genau sind hier gemeint? Die Grenzen dessen, was wir – von uns, von uns als Mensch – geben. Doch woher weiß ich, ob ich meine Grenzen überschritten habe?

Kreuzen Sie alle Aussagen an, die Ihrem gegenwärtigen Zustand entsprechen.
- Ich bin erschöpft.
- Ich verüble dem anderen das, was ich ihm gebe.
- Ich schotte mich ab.
- Ich bin wegen jeder Kleinigkeit gereizt oder aggressiv.
- Ich habe keinen Elan mehr.

- Meine Lebensfreude ist mir abhandengekommen.
- Bestimmte Dinge machen mir keinen Spaß mehr.
- Ich bin nicht in der Lage, Entscheidungen für mich zu treffen.
- Ich handle automatisch.
- Ich schlafe schlecht.
- Ich esse mehr als normal; ich rauche, trinke zu viel, ich …
- Ich bin traurig.
- Ich bin am Ende.
- Ich habe keine Geduld mehr.

> Sie haben gar nichts angekreuzt? Bravo, bei Ihnen läuft alles gut.
> 1 bis 3 Kreuze: Es ist an der Zeit, darüber nachzudenken, wie Sie besser für sich sorgen können.
> 4 bis 5 Kreuze: Es ist wichtig, dass Sie Maßnahmen ergreifen, um etwas zu ändern, oder dass Sie sich helfen lassen.
> Mehr als 6 Kreuze: Sie sollten sich baldmöglichst an einen Arzt oder Psychotherapeuten wenden, denn Sie brauchen offensichtlich Hilfe.

Was heißt »auf gesunde Weise geben«?
Kreuzen Sie alle Aussagen an, die Ihrem Zustand entsprechen:

1. Ich gebe, weil ich gern dazu beitragen möchte, dass es anderen gut geht.
2. Ich gebe, damit ich akzeptiert werde.
3. Ich gebe, weil mir das so beigebracht wurde.
4. Ich gebe, weil ich anderen gern Freude bereite.

5. Ich weiß nicht, warum ich gebe, ich kann einfach nicht anders.
6. Ich gebe, weil ich gern einen Beitrag zur Qualität oder Schönheit des Lebens leisten möchte.
7. Ich gebe mit vollen Händen und bereue es hinterher.
8. Ich gebe, respektiere dabei aber meine Grenzen.
9. Ich gebe, weil es mich glücklich macht, zu sehen, welche Freude ich hervorrufe.
10. Ich gebe, weil ich nicht Nein sagen kann.
11. Ich gebe, ohne im Gegenzug etwas zu erwarten.
12. Ich gebe, um unentbehrlich zu sein.
13. Ich gebe, damit man mich schätzt.
14. Ich gebe und vergesse sofort, dass ich gegeben habe.
15. Ich gebe, um etwas dafür zu erhalten.
16. Ich gebe, um einen Platz in der Gesellschaft, in meiner Familie usw. zu haben.
17. Ich gebe, um Anerkennung zu bekommen.
18. Ich gebe, um meine Ruhe zu haben.
19. Ich gebe, damit ich niemandem etwas schuldig bin.

»Gesund« zu geben heißt, so zu geben, dass es beim Gebenden wie auch beim Empfänger Freude und ein Gefühl der Leichtigkeit auslöst. Im Bereich des Gebens »schuldet« niemand niemandem etwas!
Lösung: In den Sätzen 1, 4, 6, 8, 9, 11 und 14 wird eine gesunde Art des Gebens zum Ausdruck gebracht.

Ordnen Sie sich selbst auf der horizontalen Linie ein, zwischen extremem Egoismus und ausgeprägter Großzügigkeit.

Egoismus   Großzügigkeit

Ordnen Sie Ihre Angehörigen (Eltern, Ehepartner, Kinder, Freunde, Arbeitskollegen und andere Beziehungen auf verschiedenen vertikalen Linien ein und siedeln Sie Ihre eigene momentane Großzügigkeit oder Selbstsucht jeweils im Verhältnis zu diesen Personen an.

Wie fühlen Sie sich, wenn Sie feststellen, wo Sie sich einordnen?

_____

_____

Gibt es etwas, was Sie ändern wollen?

_____

_____

Wenn ja, organisieren Sie nun Ihr Diagramm so, wie Sie es gerne hätten:

Anderen etwas zu geben heißt, für sich selbst zu sorgen und dabei auf seine Grenzen zu achten.

Wenn man gibt – aus welchen Gründen auch immer –, dann tut das dem Gebenden genauso gut wie dem Nehmenden. In der Tat ist wissenschaftlich belegt:

> *Geben oder das Zusammenarbeiten mit anderen ist physiologisch mit einem Glücksgefühl verknüpft. So haben wir einen egoistischen Grund, großzügig zu sein. Gute Taten wirken auf uns wie Drogen ohne Nebenwirkungen.*

STEFAN EINHORN,
DIE KUNST, EIN FREUNDLICHER MENSCH ZU SEIN

> *Ein dummer Egoist denkt nur an sich, und das Ergebnis ist negativ. Kluge Egoisten denken an andere und helfen ihnen, so gut sie können, mit dem Ergebnis, dass sie selbst davon profitieren.*

TENZIN GYATSO, 14. DALAI-LAMA

Rufen Sie sich einen Moment aus jüngster Zeit ins Gedächtnis, als Sie jemandem etwas gegeben haben: Aufmerksamkeit, ein offenes Ohr, eine Überraschung ... Wie haben Sie sich dabei gefühlt?

_____

_____

_____

Irgendwann weiß man nicht mehr, wer gibt und wer empfängt. Wenn wir geben, ist mitunter ein wenig »Stretching«, Anstrengung erforderlich, damit unser Herz größer wird. Es ist wie beim Sporttraining: Dadurch, dass man von Zeit zu Zeit über seine Grenzen und seine »Komfortzone« hinausgeht, baut der Körper Muskeln auf.

Nehmen die Anzeichen dafür, dass Sie sich selbst gut behandeln, zu?
Siehe »Einige Zeichen für gute Selbstfürsorge«, S. 102.
Wenn ja, welche?

_____

_____

_____

Unterscheiden Sie, was gut für Sie ist und was Ihnen schadet

Machen Sie es sich an einem angenehmen Ort bequem, schaffen Sie eine Atmosphäre, die Ihnen gefällt, und achten Sie darauf, dass Sie eine halbe Stunde nicht gestört werden. Nehmen Sie sich etwas zu schreiben.

Betrachten Sie aufmerksam Ihr Leben und denken Sie dabei ...

› **an das Verhalten der Menschen, mit denen Sie zusammenleben oder mit denen Sie häufig zusammen sind;**
› **an Ihre beruflichen, privaten, sozialen, sportlichen ... Aktivitäten;**
› **an Ihre Gewohnheiten, die Art, wie Sie sich ernähren, sich amüsieren etc.**

Schreiben Sie anschließend Ihre Beobachtungen auf:

Schadet mir	Neutral	Gut für mich

Sie haben die meisten Einträge ...

› in der Spalte »Schadet mir«? Dann betrachten Sie sie nacheinander, ohne sie (oder sich) zu bewerten, ohne die Einträge zu banalisieren und ohne zu resignieren.

»Veränderung heißt, ein klares Bild davon zu haben, wie du ›funktionierst‹, sofern du keinen geistigen Kommentar hinzufügst.«

ÉRIC BARET

› in der Spalte »Neutral«? Dann stellen Sie sich folgende Fragen:
Erlaube ich mir, ganz und gar lebendig zu sein?
Könnte ich bestimmte Aspekte meines Lebens ändern, um mir selbst mehr Gutes zu tun?
› in der Spalte »Gut für mich«? Dann danken Sie der Lebensenergie, die so in Ihnen wirkt, und nehmen Sie sich die Zeit, sich über alles Schöne, das Sie erleben, zu freuen. Danken Sie jedem, der Ihnen hilft, das »Gute für Sie« zu leben.

Fragen Sie sich jetzt:
Gibt es in meinem Leben destruktive Gewohnheiten, die ich sinnvollerweise aufgeben sollte, oder Personen, deren Verhalten mir schadet und vor denen ich mich besser schützen oder von denen ich mich trennen sollte?

Vergessen Sie nicht, zwischen einer Person und ihrem Verhalten zu unterscheiden: Kein Mensch, wie auch immer er sein mag, sollte als »schädlich« abgestempelt werden. Aber ein Mensch kann Ihnen gegenüber Verhaltensweisen an den Tag legen, die Ihnen schaden und vor denen Sie sich schützen sollten. Oder zwischen Ihnen und der betreffenden Person gibt es gemeinsame zerstörerische Mechanismen.

Wenn Sie z. B. die Angewohnheit haben zu streiten, dann macht das weder aus Ihnen noch aus Ihrem Gegenüber einen »schlechten Menschen«. Es heißt einfach, dass die Beziehung zwischen Ihnen blockiert ist oder dass es ihr an Harmonie fehlt und der Kommunikationsfluss gestört ist.

Sind Sie bereit, einen neuen Kurs einzuschlagen?

Wenn ja, dann machen Sie die folgende Übung mit dem Titel: »Ich nehme mein Leben in die Hand«. Sie wird Ihnen helfen, die Verantwortung für Ihr Leben zu übernehmen.

ICH NEHME MEIN LEBEN IN DIE HAND

Vervollständigen Sie den folgenden Satz und lesen Sie ihn sich 21 Tage lang siebenmal täglich laut und mit fester Stimme vor. Bemühen Sie sich, sich so zu fühlen, als sei die Aussage schon eingetreten:

»…«

(Nennen Sie hier die Gewohnheit, die Situation oder das Verhalten der Person) schadet mir, und ich trenne (oder schütze) mich jetzt vor diese(r/m) ...,

damit ich erreiche, dass ...

(Nennen Sie ausdrücklich und mit positiven Begriffen das, was Sie anstreben).

Ich nehme mir vor, jeden Tag einen Schritt in diese Richtung zu tun.

Selbst wenn ich nicht weiß, wie ich es anstellen soll, vertraue ich darauf, dass ich die erforderlichen Ressourcen in mir trage, um dieses Ziel zu erreichen.«

Beispiel 1: »Alkohol schadet mir, und ich trenne mich jetzt von dieser Gewohnheit, damit ich Gesundheit, Schönheit und Entscheidungsfreiheit erlange ... Ich nehme mir vor, ...«

Beispiel 2: »Der Kontakt zu Freunden, die mir beibringen wollen, in Kaufhäusern zu stehlen, schadet mir. Ich trenne mich jetzt von solchen Beziehungen, damit ich Sicherheit, den Respekt des Eigentums anderer, Stolz und Wertschätzung meiner selbst erreiche ... Ich nehme mir vor, ...«

Beispiel 3: »Zuzulassen, dass ich von ... geschlagen werde, schadet mir, und ich schütze mich jetzt vor diesem Verhalten, damit ich meine Unversehrtheit bewahre und mir Respekt verschaffe ... Ich nehme mir vor, ...«

Seien Sie sich dessen bewusst, dass jede Person oder jede Situation der Kategorie »Schadet mir« Ihnen gleichzeitig auch eine Lehre ist, ein »Geschenk« gibt, selbst wenn das im jeweiligen Moment nicht immer offensichtlich ist. Ein erstes Geschenk wäre beispielsweise, dass Sie dadurch lernen, Grenzen zu setzen, die Verantwortung für Ihr Leben zu übernehmen und zu bekräftigen: »Nie wieder! Nie im Leben!«

Denken Sie an Ihr bestes Ferienerlebnis und zeichnen Sie es:

ÜBUNG, UM ABSTAND ZU GEWINNEN UND/ODER SICH VON EINEM VERHALTEN ZU BEFREIEN, DAS IHNEN GESCHADET HAT

Denken Sie an einen Menschen, der Ihnen durch seine Worte oder sein Verhalten Leid verursacht hat. Schreiben Sie auf, was er gesagt oder getan hat.

_____

_____

Nehmen Sie das, was Sie innerlich bewegt, an und stellen Sie sich die folgenden beiden Fragen:

> Wie fühle ich mich, wenn ich daran denke oder es erlebe?
> Welche unerfüllten Bedürfnisse habe ich?

Zeichnen Sie sich in der betreffenden Situation.

Schreiben Sie Ihre Gefühle neben Ihr Herz und ihre nicht befriedigten Bedürfnisse neben den Bauch.
Zeichnen Sie um Ihr verletztes Wesen herum alles, was es schützen oder ihm in seinem Schmerz helfen könnte: liebe Menschen, zuverlässige, verantwortungsbewusste etc. Personen, die Natur, Tiere ... Machen Sie sanfte Musik an, spüren Sie Ihre Emotionen und nehmen Sie sie wohlwollend an.

Zeichnen Sie eine Person, deren Worte oder Verhalten bewirkt haben, dass Sie leiden oder gelitten haben. Vergessen Sie nicht, dass sie ein Mensch ist – zumindest potenziell!
Schreiben Sie dann neben die Beine die Worte, die Ihnen geschadet haben, oder stellen Sie das verletzende Verhalten dar. **Stellen Sie sich vor,** welche Gefühle die betreffende Person zu ihrem Verhalten veranlasst haben könnten, und schreiben Sie diese auf Herzhöhe. Welche Bedürfnisse suchte die Person **vermutlich** zu erfüllen? Schreiben Sie sie auf Bauchhöhe.

Wie fühlen Sie sich?

> Wenn Sie mehr mit sich im Frieden sind, bravo!
> Wenn sich nichts für Sie geändert hat oder leidvolle Gefühle
  an die Oberfläche kommen, ist das ein Zeichen, dass Sie
  noch verletzt sind und jemanden brauchen, der Ihr Leid,
  Ihre Angst, Ihre Traurigkeit oder Ihren Zorn versteht und
  Ihnen zuhört. Am besten, Sie wenden sich an jemanden,
  dem Sie vertrauen.

Nehmen Sie sich selbst das feste Versprechen ab:
*»Von jetzt an sorge ich für mich und begebe mich in Situationen,
die mir guttun. Wenn ich weiterhin in Situationen gerate, die
mir schaden, entferne ich mich so weit wie möglich davon. Gleichzeitig fasse ich den Entschluss, mich mit allem zu umgeben, was
mich schützt – oder mir zumindest vorzustellen, ich sei von
diesen Dingen umgeben.«*

**Fragen Sie sich, ob es nötig ist, sich jetzt von einer bestimm-
ten Person oder einer Situation zu trennen.** Lautet Ihre
Antwort Ja, dann machen Sie siebenmal täglich die Übung »Ich
nehme mein Leben in die Hand« (S. 113) und fragen Sie sich,
was Sie sonst noch tun könnten, um sich notfalls zu schützen.

Pflegen Sie einen mitmenschlichen Dialog

Lassen Sie uns an unsere Beziehungen so herangehen, dass wir mit unserer Menschlichkeit in Einklang bleiben! Dafür ist es wesentlich, auf die Gefühle und Bedürfnisse zu achten, die alle Menschen bewegen, statt daran zu denken, was bei unserem Gegenüber oder bei uns nicht »rund« läuft.

Das schaffen wir, indem wir …

› **uns selbst aufrichtig und bestimmt ausdrücken,**
› **dem anderen einfühlend und respektvoll zuhören und auf ihn eingehen,**
› **Dankbarkeit ausdrücken.**

Drücken Sie sich aufrichtig und bestimmt aus

Es geht darum, dass wir uns zugestehen, das, was uns bewegt, unsere Gefühle und Bedürfnisse, auszudrücken, ohne den anderen anzugreifen, zu beurteilen oder zu kritisieren. Denn wenn jemand sich kritisiert fühlt, schwächt das unsere Fähigkeit, Zusammenarbeit oder Harmonie zu erreichen – selbst dann, wenn die Kritik begründet ist.

Wie geht das? Zunächst klären wir mittels Selbstempathie, was in uns vorgeht, und beschließen dann, falls nötig, mit der oder dem Betreffenden darüber zu sprechen.

Übung des aufrichtigen und bestimmten Selbstausdrucks
Denken Sie an eine schwierige Situation, die Sie mit jemandem durchlebt haben, und führen Sie die folgenden Schritte aus. Stellen Sie sich dabei vor, Sie würden diesen Menschen ansprechen:

Stellen Sie die Situation möglichst neutral dar, so, als wären Sie eine Fernsehkamera. Achtung! Beim Wiedergeben von Fakten passiert es leicht, dass man schon urteilt und bewertet. Dadurch gerät der andere aber in die Defensive. Achten Sie deswegen darauf, nicht in diese Falle zu tappen!

»*Die höchste Form menschlicher Intelligenz ist die Fähigkeit, zu beobachten, ohne zu bewerten.*«

JIDDU KRISHNAMURTI

> Nennen Sie ein oder zwei Ihrer Gefühle in Bezug auf diese Situation. (Vermeiden Sie Wörter aus der Liste »Verbotene Wörter«, S. 141!)

> Nennen Sie ein oder zwei Bedürfnisse, die in der Situation nicht erfüllt wurden.

> Formulieren Sie eine Bitte, die eines Ihrer Bedürfnisse befriedigen könnte.
> Wenn ich sehe, höre, beobachte ...

Wenn ich mich erinnere, wie ich ... gesehen, gehört habe, fühle ich mich ...,
Weil ich das Bedürfnis habe, ...
Wärst du jetzt damit einverstanden, dass ...?

> Sagen Sie dann diesen Satz vor dem Spiegel und stellen Sie sich dabei vor, Sie selbst seien die Person, die Sie ansprechen.

> Was drückt Ihr Gesicht aus? Wie klingt Ihre Stimme? Was empfinden Sie?

> Sind Sie neutral oder bewerten, schimpfen Sie?

> Wenn jemand so mit Ihnen spräche wie Sie jetzt gerade, empfänden Sie es dann als Kritik?

Falls Sie feststellen, dass Sie neutral sind und nicht kritisieren, dann sind Sie bereit für eine Begegnung mit der Person.

Wenn nicht, weist das darauf hin, dass Sie zuerst jemanden brauchen, der Ihnen zuhört oder mit Ihnen fühlt. Dann hat es keinen Sinn, mit dem anderen zu sprechen – Sie würden es nur schlimmer machen! Dadurch, dass Sie die betreffende Person beschuldigen oder kritisieren, gerät sie nur in die Defensive und wird sich verschließen und/oder Sie ihrerseits angreifen.

· ·

Hören Sie dem anderen einfühlend und respektvoll zu und gehen Sie auf ihn ein

Dabei geht es darum, dass wir versuchen, den anderen zu verstehen, unabhängig davon, wie er sich ausdrückt, und dass er sich seinerseits verstanden fühlt.

Empathie heißt, sich auf das, was unser Gegenüber erlebt, einzustimmen. Es ist eine spezielle Art, sich in andere einzufühlen, für sie da zu sein, insbesondere für ihre Gefühle und Bedürfnisse, ohne damit etwas anderes erreichen zu wollen als eine gewisse Verbundenheit. Empathie für jemand anderen zu empfinden ist, als würde man ein Buch so gebannt lesen, dass man darüber seine eigenen Zahnschmerzen vergisst.

Empathie hat nichts mit Nachsicht oder Gefälligkeit zu tun. Man kann sich in jemanden einfühlen und braucht deswegen noch lange nicht mit ihm übereinzustimmen und auch nicht das zu tun, was er will.

Hier eine Geschichte:

Es war einmal ein Bauer, der hatte die schönsten Maisfelder der Gegend. Jedes Jahr, wenn das Dorffest stattfand, nahm er am Wettbewerb der besten Ernte teil, und jedes Jahr gewann er den ersten Preis.

Sobald er nach dem Fest wieder zu Hause war, stattete er seinen Nachbarn einen Besuch ab, um ihnen Samen aus seiner Ernte zu schenken.

*Eines Tages sagte ein Freund zu ihm: »Aber wenn du deine beste
Saat an deine Nachbarn weitergibst, besteht doch die Gefahr, dass
sie dir eines Tages den ersten Preis abjagen. Findest du das nicht
schade?«*

*Der Bauer entgegnete: »Nein, das finde ich nicht, ganz im
Gegenteil! Weißt du, auf unseren Hügeln ist es sehr windig, daher
könnte es wegen der Fremdbefruchtung durch den Mais meiner
Nachbarn passieren, dass sich meine Maisqualität verschlechtert.
Alles, was ich den anderen gebe, gebe ich also mir selbst!«*

. . . .

Empathie-Übung

Denken Sie an eine schwierige Situation, die Sie mit jemandem
erlebt haben, und führen Sie die folgenden Schritte aus. Stellen
Sie sich dabei vor, Sie würden die betreffende Person direkt
ansprechen:

> Stellen Sie die Situation neutral dar.

> Stellen Sie sich vor, was Ihr Gesprächspartner in dieser
  Situation empfindet. Nennen Sie ein oder zwei seiner
  Gefühle. (Vermeiden Sie die »Verbotenen Wörter« auf
  S. 141!)

> Nennen Sie ein oder zwei Bedürfnisse, die Ihrer Meinung
  nach beim anderen in der betreffenden Situation nicht
  erfüllt sind.

> Formulieren Sie eine Bitte, die eines der Bedürfnisse Ihres
> Gesprächspartners befriedigen könnte.
> Wenn du siehst, hörst, beobachtest ...
> Wenn du dich erinnerst, ... gesehen, gehört zu haben, fühlst
> du dich ...,
> weil du das Bedürfnis hast ...
> Und jetzt wünschst du dir vielleicht, dass ...?
> Ist es so?

Drücken Sie Dankbarkeit aus

DANKE bedeutet: »Die **D**aseinsfreude jedes **A**ugenblicks **N**ähren
durch die **K**unst, sich **e**rkenntlich zu zeigen.«

»Dankbarkeit ist der Himmel selbst.«

WILLIAM BLAKE

Spüren Sie Ihre Dankbarkeit!

Denken Sie an eine Person, die Ihnen im Leben Gutes
gebracht hat. Schreiben Sie auf, was sie gesagt oder
getan hat, zeichnen Sie sie, notieren Sie ihren Vornamen
und malen Sie sie bunt aus. Achten Sie dabei darauf,
dass Sie Ihre Wertschätzung für sie spüren.

Spüren Sie alle Emotionen, die in Ihnen aufkommen. Öffnet sich Ihr Herz?

Bringen Sie Ihre Zeichnung an einem Ort an, wo Sie sie häufig sehen, denn das wird Ihnen helfen, sich gut zu fühlen.

Drücken Sie Ihre Dankbarkeit aus

Denken Sie an jemanden aus Ihrem Umfeld, der Ihnen Gutes getan hat, und schreiben Sie drei Dinge auf:

> Was hat die betreffende Person getan oder gesagt, das gut für Sie war?

_____

_____

> Wie fühlen Sie sich **jetzt**, da Sie noch einmal daran denken?

_____

_____

> Welches Ihrer Bedürfnisse wurde von dem, was diese Person gesagt oder getan hat, erfüllt?

_____

_____

Wenn dieser Mensch noch lebt, könnten Sie ihm vielleicht eine kleine Nachricht schicken? So könnte eine solche Nachricht z. B. aussehen:

»Lieber/Liebe ...,
wenn ich daran denke, wie _____

_____

_____

_____ ,

(schreiben Sie, was die Person getan oder gesagt hat; zum Beispiel könnte ein Lehrer ausgerufen haben: »Was für eine tolle Arbeit!«)

fühle ich mich ... _____

_____

_____

_____ ,

(nennen Sie Ihre Gefühle: gerührt, bewegt etc.)

Und das hat mein Bedürfnis ... _____

_____

_____

_____ , befriedigt.«
(nennen Sie die Bedürfnisse, die befriedigt wurden, z. B.: »Und das hat mir geholfen, an mich zu glauben.«)

Wenn Sie sich an nichts erinnern, das ein Mensch, den Sie kennen, für Sie getan hat, dann suchen Sie etwas anderes: ein Tier, die Natur, die uns so großzügig willkommen heißt, einen Unbekannten auf der Straße, der Sie angelächelt hat. Dahinter steht der Gedanke, dass Sie sich mit etwas Positivem und mit Dankbarkeit verbinden, damit Sie so Energie und Wohlbefinden erlangen.

· ·

Schreiben Sie täglich in Ihr Tagebuch, wie dankbar Sie sich selbst, jemand anderem oder dem Leben sind. Spüren Sie diese Dankbarkeit und sehen Sie, wie Ihre Energie sich dadurch vervielfacht.

· ·

Kreieren Sie sich ein Leben im Einklang mit dem, was Sie im tiefsten Innern sind, mit Ihrem »tiefsten Wesen«

› **Horchen Sie in sich hinein,**
um sich zu erkennen
Siehe die Selbstempathie-Übung auf S. 98.

› **Gehen Sie auf Ihre Träume zu**
Fragen Sie sich, was Sie täglich und in Ihrem Leben
realisieren wollen, und suchen Sie sich die Mittel,
um diese Ziele zu verwirklichen.

> **»DAS, WAS MAN BEDAUERT, IST NICHT**
> **DAS UNERREICHBARE, SONDERN DAS ERREICHBARE,**
> **DAS MAN NICHT ERREICHT HAT.«**

Schreiben Sie diesen Gedanken noch einmal auf und malen Sie
ihn bunt aus.
Schreiben Sie jeden Morgen ...
› eine Minute lang, wie Sie sich heute fühlen wollen;
› fünf Minuten lang, was Sie haben wollen;
› fünf Minuten lang, was Sie schaffen wollen.

Spüren Sie anschließend drei Minuten lang die Gefühle, die Sie hätten, wenn Sie das, was Sie sich wünschen, schon erhalten oder verwirklicht hätten.

Und lesen Sie jeden Abend die morgendlichen Aufzeichnungen, ohne einen Schluss daraus zu ziehen – einfach nur lesen!

Nach einem Monat Übung werden Sie feststellen, dass ganz natürlich eine harmonische Korrelation zwischen Ihren Gefühlen/Empfindungen und Ihren Handlungen entstanden ist und dass Sie immer öfter das erreichen, was Sie wollen.

Betrachtung:

> In welchen Momenten sind Sie glücklich? Welche Merkmale haben diese Momente? Beschreiben Sie Ihre Gefühle.

> Welche Ihrer Bedürfnisse werden dann befriedigt?

> Wie könnten Sie noch mehr solche Momente schaffen?

> Wann sind Sie nicht glücklich? Welche Merkmale haben diese Momente? Beschreiben Sie Ihre Gefühle.

> Welche Ihrer Bedürfnisse sind dann unbefriedigt?

> Können Sie daran etwas ändern?

> Falls ja, was werden Sie ändern?

Manchmal können wir zwar die Situation nicht ändern, aber die Art, wie wir darauf reagieren.

»DAS, WAS DU BEI ANDEREN SIEHST, TRÄGST DU IN DIR; ES GENÜGT, ES ZU WECKEN.«

Denken Sie an jemanden, den Sie mögen, und schreiben Sie die guten Eigenschaften auf, die Sie an diesem Menschen schätzen. Suchen Sie sich anschließend eine Musik aus, die Ihnen gefällt, und tanzen und sprechen Sie fünf Minuten lang so, als hätten Sie selbst diese Eigenschaften. Vor allem: Fühlen Sie sich so, als wären diese guten Eigenschaften schon ein Teil von Ihnen!

_____

_____

_____

_____

_____

_____

Wohin die Aufmerksamkeit geht, dahin folgt auch die Energie!

··

Zeichnen Sie in den kommenden Tagen auf ein oder mehrere lose Blätter, was Sie gern in Ihrem Leben vollbringen würden. Wählen Sie die Bereiche, die Sie gerne betrachten wollen (Gefühlsleben, Kreativität, Erholung, Beruf etc.).

··

Bringen Sie diese Zeichnungen mit Liebe und Respekt an einem Platz an, den Sie jeden Tag sehen. Betrachten Sie sie oft und fühlen Sie sich dabei so, als hätten Sie das Gezeichnete schon verwirklicht.

Wenn Bitterkeit oder Verzweiflung Sie überkommen, geben Sie sich etwas Zeit, um diese Gefühle wohlwollend anzunehmen, und verbinden Sie sich dann, sobald es möglich ist, wieder mit dem, was Sie sich wünschen und anstreben – unter Berücksichtigung Ihrer Lebensrealität.

Disziplinieren Sie Ihren Geist

Verabschieden Sie sich von Beurteilungen und verwandeln Sie sie in Gefühle/Bedürfnisse.

Urteilendes Denken erzeugt eine negative Energie in uns. Diese negative Energie zieht wiederum Energien an, die so beschaffen sind wie die, die wir in uns tragen.

Selbstbewertungen sind Gift für unsere Laune und unsere Energie; für unsere Umgebung sind sie ärgerlich oder frustrierend.

Sagen Sie mehrmals: »Ich bin eine Niete, nichts kriege ich hin!« Beobachten Sie dann, wie Sie sich fühlen. Angespannt, verdrossen? Ist es unangenehm? Dann wandeln Sie diesen Satz SO SCHNELL WIE MÖGLICH so um, dass er sich auf Ihre Gefühle und Bedürfnisse bezieht.

Dabei könnte herauskommen: »Ich fühle mich mutlos, weil ich gern stolz auf mich wäre.« Und genau da öffnet sich ein Raum: Ich kann meine Kreativität nutzen, um herauszufinden, was ich tun muss, damit ich stolz auf mich sein kann.

Diese »Gymnastik« verbindet uns wieder mit dem, was wir wollen (statt mit dem, was uns gerade nicht möglich ist), und holt uns aus unserer Hilflosigkeit heraus: Sobald wir unsere Bedürfnisse kennen, können wir herausfinden, mit welcher Handlung wir auf sie reagieren wollen.

Denken Sie an ein Urteil, das Sie über sich selbst fällen, und wandeln Sie es in Gefühle/Bedürfnisse um:

_____

_____

_____

_____

_____

Urteile über andere:

>>SO SICHER, WIE DIE ERDE RUND IST,
KEHRT ALLES, WAS WIR ANDEREN ZUFÜGEN,
FRÜHER ODER SPÄTER ZU UNS ZURÜCK.<<

Schreiben Sie diesen Spruch noch einmal und malen
Sie ihn bunt aus.

Über andere zu urteilen mag uns zwar den Eindruck vermitteln, wir könnten »Dampf ablassen«; dennoch haben solche Bewertungen ausschließlich negative Auswirkungen auf uns und unsere Beziehungen, weil sie ein schlechtes Klima (in uns und/oder mit anderen) schaffen und unsere Chancen verringern, das, was wir von anderen erwarten, auch zu erhalten. Wenn Sie z. B. zu jemandem sagen: »Du hörst mir nie zu«, hat er sicherlich eher Lust, sich die Ohren zuzuhalten, als Ihnen zuzuhören.

Einer der wirksamsten Akte des guten, liebevollen Umgangs mit uns selbst besteht darin, die Worte »ich werfe dir vor, dass ...« umzuwandeln in »ich möchte, dass ...«.

Wenn wir uns auf das konzentrieren, was wir wollen (unsere Bedürfnisse), erhöhen wir damit unsere Chancen, es auch zu erhalten.

Denken Sie an ein Urteil, das Sie über jemanden gefällt haben, und wandeln Sie es in Gefühle/Bedürfnisse um.

»Du hörst mir nie zu« würde dementsprechend zu: »Wenn du auf deinen PC-Bildschirm blickst, während ich mit dir spreche, fühle ich mich verunsichert, und ich habe das Bedürfnis nach Klarheit. Interessiert dich das, was ich dir erzähle? Ist das der richtige Moment, darüber zu sprechen?«

Das Wesentliche – und das ist schwierig! – ist, sich mit dem zu verbinden, was man gerne hätte, und sich mit einer Energie der Fülle zu äußern, nicht mit einer Energie des Mangels oder des Klagens.

Der Ton unserer Stimme und unser Blick sind wichtiger als die Worte an sich, denn unser Gesprächspartner vertraut – auch ohne sich dessen bewusst zu sein – eher darauf, welche Gefühle unsere Körperhaltung in ihm hervorruft, als auf das, was ausgesprochen wird.

....

Welcher Satz in diesem Kapitel ist für Sie am wichtigsten? Halten Sie ihn schriftlich fest.

....

Erkennen Sie die Schönheit jedes Augenblicks so gut es geht und genießen sie ihn.

»WER DAS SCHÖNE SIEHT, HAT MEHR MUT UND KRAFT, DURCH SCHWIERIGKEITEN ZU GEHEN.«

»Ich radelte heute Morgen über den Stadionkade, genoss den weiten Himmel über dem Stadtrand und atmete die frische, nicht rationierte Luft. Und in der freien Natur überall Tafeln auf den Wegen, die für Juden gesperrt sind. **Aber auch über dem einzigen Weg, der uns verblieben ist, wölbt sich der gesamte Himmel.** Man kann uns nichts anhaben, man kann uns wirklich nichts anhaben. Man kann es uns recht ungemütlich machen, man kann uns der materiellen Güter berauben, auch der äußeren Bewegungsfreiheit, aber letzten Endes berauben wir uns selbst unserer besten Kräfte durch unsere falsche Einstellung. Weil wir uns verfolgt, erniedrigt und unterdrückt fühlen. Durch unseren Hass. Durch unsere Wichtigtuerei, hinter der sich die Angst verbirgt. Man darf durchaus manchmal traurig und niedergeschlagen über das uns Angetane sein; das ist menschlich und verständlich. Und dennoch: Den größten Raubbau an uns treiben wir selbst. **Ich finde das Leben schön und fühle mich frei. Der Himmel in mir ist ebenso weit gespannt wie der Himmel über mir.«**

Etty Hillesum, Das denkende Herz
(Tagebücher 1941–1943)

Die Geschichte vom kleinen Haus:

Im Unterricht fordert der Lehrer die Schüler auf, ein Haus zu zeichnen. Ein kleines Mädchen zeichnet ein grünes Haus mit roten Fensterläden und einem orangefarbenen Weg. Spöttisch fragt der Lehrer: »Was ist nur in dich gefahren? Hast du etwa schon mal ein grünes Haus gesehen?«

Das kleine Mädchen wird blass und hört auf zu zeichnen.

Ein Jahr darauf. Neue Zeichenstunde, anderer Lehrer. Er fordert die Schüler auf, ein Haus zu zeichnen. Am Ende der Stunde gibt das Mädchen ein leeres Blatt ab. Der Lehrer ergreift es und ruft aus: »Oh, was für ein schönes eingeschneites Haus!«

Schreiben Sie eine Eigenschaft von sich auf, die Sie schätzen, und spüren Sie, was in Ihnen vorgeht, wenn Sie das Geschriebene laut vorlesen.

_____

_____

_____

_____

Tun Sie das gern oder nicht?

Wenn ja, tun Sie es oft – es wird sich positiv auf Sie auswirken!

Wenn nicht, ist das wahrscheinlich ein Zeichen, dass Sie nicht genügend Selbstwertgefühl haben. Machen Sie dann diese Übung noch häufiger!

Wenn Sie Ihr schönes Wesen, Ihre Menschlichkeit erkennen, lassen Sie sie wachsen, und Sie werden ein größeres Selbstwertgefühl entwickeln!

Sie sind nun am Ende dieses kleinen Selbstcoachs angelangt. Ich hoffe, in Ihrem Leben mehren sich die Anzeichen dafür, dass Sie gut für sich selbst sorgen.

Machen Sie jeden Tag einen kleinen Schritt der liebevollen Selbstzuwendung und denken Sie daran:

»VIELE KLEINE SCHRITTE FÜHREN ZUM ZIEL!«

. . . .

Schreiben Sie diese Lebensweisheit auf und meditieren Sie darüber.

. . . .

Anhang

GEFÜHLE, DIE WIR HABEN, WENN UNSERE BEDÜRFNISSE BEFRIEDIGT SIND

abenteuerlustig, amüsiert, angeregt, aufgemuntert, aufgeregt, ausgeglichen, befreit, befriedigt, begeistert, bewegt, bezaubert, dankbar, draufgängerisch, dynamisch, elektrisiert, empfänglich, empfindsam, energisch, engagiert, enthusiastisch, entlastet, entschieden, entspannt, entzückt, erfreut, erholt, erleichtert, erquickt, erstaunt, exaltiert, fasziniert, frei, freudestrahlend, freudig, friedfertig, friedvoll, frisch, fröhlich, froh, gebannt, geborgen, gelassen, gelöst, genährt, gerührt, geruhsam, geschützt, glücklich, gut drauf, harmonisch, heiter, hin und weg, hingerissen, hoffnungsvoll, in Sicherheit, inspiriert, interessiert, jemandem nah, konzentriert, lebendig, leicht, leidenschaftlich, locker, mitfühlend, mitgerissen, motiviert, munter, mutig, neu belebt, neugierig, offen, optimistisch, regeneriert, ruhig, sanft, satt, schelmisch, selbstbewusst, sensibilisiert, sicher, sorglos, sprühend, stark, stimuliert, stolz, strahlend, tief berührt, trunken, überrascht, überschäumend, übersprudelnd, ungezwungen, vergnügt, voller Bewunderung, voller Liebe, vom Hocker gehauen, wach, warmherzig, weit und offen, wohlbehalten, wunschlos glücklich, zentriert, zufrieden, zugehörig, zuversichtlich.

GEFÜHLE, DIE WIR HABEN, WENN UNSERE BEDÜRFNISSE NICHT BEFRIEDIGT SIND

abgeschlagen, abgespannt, allein, am Ende, angeekelt, angeschlagen, angespannt, angstvoll, apathisch, argwöhnisch, atemlos, auf die Palme gebracht, aufgewühlt, aus dem Gleichgewicht, aus der Fassung, außer sich, bedrängt, bedrückt, bekümmert, beschämt, besorgt, betroffen, betrübt, beunruhigt, blockiert, brummig, dem Zusammenbruch nahe, deprimiert, desorientiert, distanziert, durcheinander, durstig, einsam, eisig, entfremdet, entmutigt, enttäuscht, ernüchtert, erschöpft, erschreckt, erschüttert, fassungslos, frustriert, furchtsam, gebeutelt, gekränkt, gelangweilt, genervt, gequält, gereizt, gestresst, gleichgültig, hektisch, hilflos, hin- und hergerissen, hoffnungslos, hungrig, in der Defensive, in Rage, irritiert, konfus, konsterniert, kopflos, kummervoll, leer, matt, melancholisch, misstrauisch, mitgenommen, müde, mürrisch, mutlos, nervös, niedergeschlagen, ohne Elan, ohnmächtig, peinlich berührt, perplex, pessimistisch, ratlos, resigniert, ruhelos, schläfrig, schlecht, schockiert, schwach, schwer, skeptisch, terrorisiert, traurig, trübe, überanstrengt, überarbeitet, überfordert, übersättigt, überwältigt, unbefriedigt, unbehaglich, unentschieden, ungeduldig, ungläubig, unglücklich, unruhig, unsensibel, unsicher, unwohl, unzufrieden, verängstigt, verärgert, verbittert, verdattert, verdrossen, verkrampft, verlegen, verletzt, verloren, verstimmt, verstört, verunsichert, verwirrt, verzweifelt, voller Vorbehalte, wie vor den Kopf geschlagen, wirr, wütend, wutentbrannt, zerbrechlich, zermürbt, zerrissen, zögerlich, zornig, zweifelnd, zwiespältig.

Verbotene Wörter:

SIE SIND DIE VERBINDUNG AUS EINEM GEFÜHL UND EINEM URTEIL ÜBER ANDERE ODER ÜBER SICH SELBST

abgelehnt, abgewertet, angefeindet, angegriffen, ausgebeutet, bedrängt, bedroht, beiseitegeschoben, belagert, belästigt, beleidigt, benutzt, beschmutzt, beschuldigt, besiegt, betrogen, bewertet, blöd, dominiert, dumm, durcheinander, eine Niete, eingesperrt, erbärmlich, erniedrigt, erwischt, fallen gelassen, gedemütigt, gefangen, gehasst, genötigt, gerügt, gezwungen, herabgesetzt, hereingelegt, ignoriert, in die Enge getrieben, in Verruf gebracht, inkompetent, isoliert, jämmerlich, kleingemacht, kritisiert, lächerlich gemacht, manipuliert, missbraucht, nicht akzeptiert, nicht gehört, provoziert, schäbig, schlecht behandelt, schuldig, traktiert, übers Ohr gehauen, übersehen, unerwünscht, unfähig, ungeliebt, unter Druck gesetzt, unterdrückt, unverstanden, unwichtig, unwürdig, verachtet, verfolgt, verlassen, verletzt, verleumdet, vernachlässigt, verspottet, verstoßen, wertlos, zerschmettert, zum Narren gehalten, zweitklassig.

Einige Grundbedürfnisse

Existenzbedürfnisse (zur Selbsterhaltung): atmen, trinken, essen ...
Sicherheit: emotionale und materielle Sicherheit, Halt, Unterstützung, Fürsorge ...

Freiheit: Autonomie, Unabhängigkeit, Spontaneität, Wahlfreiheit in Bezug auf die eigenen Träume, Werte, Ziele …

Freizeit: Ausgelassenheit, Spiel …

Identität: im Einklang mit seinen Werten sein, Selbstbestätigung, Zugehörigkeit, Authentizität, Selbstvertrauen, Achtung und Respekt seiner selbst und anderer, Entwicklung, Integrität …

Teilhabe: Zusammenarbeit, Verständigung mit anderen, gemeinsames Kreieren, Verbundenheit, Ausdruck, Wechselbeziehungen, einen Beitrag leisten zum Wohlergehen und zur Entfaltung seiner selbst und anderer wie auch zum Leben …

Zwischenmenschliche Beziehungen: Akzeptanz, Zugehörigkeit, Aufmerksamkeit, Gemeinschaft, Gesellschaft, Kontakt, Intimität, Gemeinsamkeit, Nähe, Liebe, Zuneigung, menschliche Wärme, Ehrlichkeit, Respekt, Zärtlichkeit, Vertrauen, Kommunikation, Harmonie, Geborgenheit …

Selbstverwirklichung: Selbstausdruck, Entwicklung, Lernen, Realisieren des eigenen Potenzials, Kreativität …

Sinn: Klarheit, Verstehen, Unterscheidungsvermögen, Orientierung, Bedeutsamkeit, Transzendenz, Einheit, Sinngehalt …

Feiern: Würdigung, Teilen von Freude und Leid, Rituale, Dankbarkeit …

Spiritualität: Schönheit, Inspiration, Frieden, Transzendenz …

Bibliografie

Einhorn, Stefan: *Die Kunst, ein freundlicher Mensch zu sein.*
Hoffmann & Campe, Hamburg 2007

Hicks, Esther und Jerry: *Ein neuer Anfang. Handbuch zum
Erschaffen deiner Wirklichkeit.* Ansata, München 2008

Hillesum, Etty: *Das denkende Herz. Die Tagebücher von Etty
Hillesum 1941–1943.* Rowohlt, Reinbek 1985

Rosenberg, Marshall B.: *Gewaltfreie Kommunikation. Eine Sprache
des Lebens.* Junfermann, Paderborn 2007

Tolle, Eckhart: *Jetzt! Die Kraft der Gegenwart.* Kamphausen,
Bielefeld 2011

Van Stappen, Anne: *Das kleine Übungsheft – Gewaltfreie Kommunikation.* Trinity, München 2013

Van Stappen, Anne: *Das kleine Übungsheft – Sei gut zu dir selbst.*
Trinity, München 2017

Hinweis der Autorin:

Die Übungen Selbstempathie, Aufrichtiger Selbstausdruck, Empathie und Dankbarkeit wurden von Marshall Rosenberg, dem
Begründer der Gewaltfreien Kommunikation (GFK), kreiert.

Die Autorin

Anne van Stappen, Ärztin und Trainerin für Gewaltfreie Kommunikation nach Marshall B. Rosenberg, interessierte sich schon früh für die Möglichkeit, seelische und körperliche Beschwerden mit der Energie der Liebe und des Herzens zu heilen. Seit vielen Jahren bietet sie Vorträge und Workshops zu Kommunikation und Konfliktmanagement an.

Die Originalausgaben erschienen 2009 bzw. 2016 unter den Titeln *Petit cahier d'excercices de bienveillance envers soi- même* und *Petit cahier d'excercices d'écoute profonde de soi* bei © Editions Jouvence, S.A., Chemin du Guillon 20, Case 184, CH-1233 Bernex.

© der deutschsprachigen Ausgabe: 2021 Scorpio Verlag
in Europa Verlag GmbH, München
Umschlaggestaltung und Motiv: Hauptmann & Kompanie
Werbeagentur, Zürich
Satz: Danai Afrati, München
Druck und Bindung: Eberl & Kösel, Altusried-Krugzell
ISBN 978-3-95803-371-9